Die freie Bauherrengemeinschaft

Alle Abbildungen wurden freundlicherweise von der Universitätsstadt Tübingen zur Verfügung gestellt.

Friedrich Heinzmann

# Die freie Bauherrengemeinschaft

Praktische Überlegungen aus juristischer Sicht
und Vertragsmuster

Dr. jur. Friedrich Heinzmann war nach seiner Ausbildung zum Württembergischen Bezirksnotar, nach dem Jurastudium und nach dem juristischen Vorbereitungsdienst als Rechtsanwalt und Notarvertreter mit den Tätigkeitsschwerpunkten Gesellschaftsrecht und Immobilienrecht tätig. Seit zehn Jahren ist er juristischer Mitarbeiter der Universitätsstadt Tübingen, anfangs im Bereich Stadtentwicklung, aktuell stellvertretender Leiter der Rechtsabteilung. Friedrich Heinzmann ist außerdem Lehrbeauftragter an der Hochschule für Wirtschaft und Umwelt Nürtingen-Geislingen im Fachbereich Immobilienwirtschaft.

Die Deutsche Bibliothek verzeichnet diese Publikation
in der Deutschen Nationalbibliografie
http://dnb.ddb.de

3. veränderte und ergänzte Auflage
© 2006 by Ernst Wasmuth Verlag Tübingen · Berlin
www.wasmuth-verlag.de
Druck und Einband: AZ Druck und Datentechnik GmbH, Kempten
Printed in Germany

ISBN-10   3 8030 0670 8
ISBN-13   978 3 8030 0670 7

Umschlagabbildungen: Universitätsstadt Tübingen

# Inhalt

Vorwort zur dritten Auflage   6

Aus dem Vorwort zur ersten Auflage   8

I.   Einleitung: das Problem des Zusammenfindens   9
    1. Vorteile der freien Baugemeinschaft   9
    2. Grundüberlegungen   10
    3. Grundsätzliche Anmerkungen zur freien Baugemeinschaft   10

II.   Die Verträge der Baugemeinschaft   13
    1. Allgemeines zur Planungs- und Bauherrengemeinschaft   13
    2. Zum Gesellschaftsvertrag der Planungsgemeinschaft   13
    3. Bauherrengemeinschaft   15
    4. Teilungsvertrag nach dem Wohnungseigentumsgesetz   17
    5. Bauplatz-Kaufvertrag   19
    6. Ablaufschema   21

III.   Zur Grunderwerbsteuer   22

IV.   Vertragsmuster   23
    A. Der Gesellschaftsvertrag der Planungsgemeinschaft   23
    B. Der Gesellschaftsvertrag der Bauherrengemeinschaft   28
    C. Der Vertrag zur Begründung von Wohnungs- und Teileigentum   35
    D. Der Bauplatz-Kaufvertrag   46

V.   Reihenhäuser und andere Gruppenhäuser   60
    1. Selbständige Baugrundstücke oder Rechtsform des Wohnungseigentums   60
    2. Die einzelnen Phasen der Baugemeinschaft und die erforderlichen Vertragsmuster   61

VI.   Vorsorge gegen tiefgehende Meinungsverschiedenheiten. Mediation und Schiedsgericht   63
    1. Grundsätzliches zu Mediation und Schiedsgericht   63
    2. Formulierungsvorschlag zur Mediation   66
    3. Formulierungsvorschlag für die Schiedsverträge   66

# Vorwort zur dritten Auflage

Die freie Bauherrengemeinschaft tritt seit etwa 1995, beginnend in den Universitätsstädten Tübingen und Freiburg, vermehrt in Erscheinung und ist inzwischen in der gesamten Republik bekannt. Zuerst haben sich dieser Form des gemeinschaftlichen Bauens v.a. Familien aus Gründen der Kostenersparnis zugewandt. Zunehmend sehen aber auch Städteplaner und Architekten ihre Vorzüge: Baugemeinschaften sind wegen ihrer ganz speziellen internen Bindung, die sowohl auf juristischen als auch psychologischen Faktoren beruht, besonders geeignet, die vollständige Umsetzung einer einmal zwischen Kommune und Baugemeinschaft vereinbarten städtebaulichen Lösung sicherzustellen, und mit Baugemeinschaften können Architekten höchst individuelle, sehr anspruchsvolle und bestens durchdachte Planungen entwickeln und ausführen.
Auch die dritte Auflage orientiert sich am Mehrfamilienhaus. In Teil I, der Einleitung, werden Fragen behandelt, die bei allen Menschen aufkommen, wenn sie dem Gedanken einer freien Baugemeinschaft nähertreten. Teil II enthält Ausführungen zur rechtlichen Struktur der Baugemeinschaft und Anmerkungen zu den zentralen Musterverträgen aus Teil IV. Teil III widmet sich in Kürze der besonderen Problematik der Grunderwerbsteuer. Schwerpunkt der Arbeit ist Teil IV mit vier Musterverträgen: dem Gesellschaftsvertrag einer Planungsgemeinschaft, dem Gesellschaftsvertrag einer Bauherrengemeinschaft (die den „Bau", die Umsetzung der Planung, zum Ziel hat), einem Vertrag zum Kauf eines Bauplatzes von einer Gemeinde und einem Vertrag zur Begründung von Wohnungs- und Teileigentum. Schon hier ist auszuführen, dass jedes der wiedergegebenen Formulare von einer speziellen Sachlage ausgeht. Und so wie sich die Situation einer jeden Baugemeinschaft von der aller anderen Baugemeinschaften unterscheidet, müssen die Verträge, sollen sie sachdienlich sein, stets auf die individuellen Verhältnisse abgestimmt werden.
Bereits in der zweiten Auflage bin ich im damals neu zugefügten Abschnitt V auf den gemeinschaftlichen Bau von Reihen- und sonstigen Gruppenhäusern eingegangen. Die nunmehrige dritte Auflage möchte ich zum Anlass nehmen, um in Teil VI das in Baugemeinschaften immer wieder diskutierte Thema *Vorsorge gegen tiefgehende Meinungsverschiedenheiten* aufzugreifen. Bereits die Überschrift dieses Abschnitts spricht Lösungswege bei schweren Konflikten an: *Mediation und Schiedsverfahren*, die vielfach befriedigender sind als ein Prozess vor den staatlichen Gerichten. Aber auch eine Auseinandersetzung mit Hilfe eines *Mediators* – und erst recht eine Auseinandersetzung vor einem Schiedsgericht – bedeutet für alle Beteiligten erhebliche Aufwendungen an Geld und Zeit, die dann an anderer Stelle fehlen, und das Aushalten ganz menschlicher Spannungen, welche die Kreativität für sonstige wichtige Aufgaben verhindern. Weder eine Baugemeinschaft insgesamt noch einzelne ihrer Teilnehmer sollten sich leichtfertig in tiefgehende Meinungsverschiedenheiten hineinbegeben oder sich auf die Möglichkeit ihres Eintretens leichtfertig einlassen. Wie immer, so gilt aber auch für die Baugemeinschaft, dass übertriebene Vorsorge eine Gefahr für den Eintritt von Schwierigkeiten geradezu heraufbeschwört. Grundlegend sei hier auf die erste *spezifische Frage* in Abschnitt I Ziff. 2 und die Überlegungen zu ihr in Abschnitt I Ziff. 3 verwiesen. Mediations- und Schiedsvereinbarungen machen Sinn. Die aus ihnen kommende Hilfe darf aber nicht überschätzt, das auch bei solchen Vereinbarungen bestehende Gewicht der Frage *Ziehen alle Mitglieder der Baugemeinschaft an einem Strang* nicht unterschätzt werden.

Auch die dritte Auflage gründet sich auf viele Gespräche mit Bauherren (und natürlich auch Baufrauen) und Kollegen. Ausdrücklich danken möchte ich an dieser Stelle meinen GesprächspartnerInnen aus meinen regelmäßigen Veranstaltungen bei der *Volkshochschule Tübingen*, die z.T. von weit angereist gekommen sind, denen aus Veranstaltungen des *Info-Ladens Stuttgart 21 „Auf der Prag" e.V.*, Stuttgart, sowie des *Städtebau-Instituts* und des *Instituts Wohnen und Entwerfen der Universität Stuttgart*, meinen GesprächspartnerInnen aus einer Fortbildungsveranstaltung für Notare des *Württembergischen Notarvereins* sowie den Kolleginnen und Kollegen vom *Tübinger Stadtsanierungsamt*. Ein herzlicher Dank gebührt auch Herrn Notar i.R. *Dieter Epple*, Asperg und Frau Stadtrechtsdirektorin *Heiderose Häußermann*, Bad-Kreuznach, die dieses Mal das Gegenlesen übernommen haben.

Tübingen, im Sommer 2006<br>
Friedrich Heinzmann

# Aus dem Vorwort zur ersten Auflage

Seit gut 20 Jahren habe ich als Vertragsjurist immer wieder mit Bauherrengemeinschaften zu tun. Die von einem steuerlichen Berater oder einem Immobilienfachmann initiierte Bauherrengemeinschaft, das sogenannte *Bauherrenmodell*, ist in der zivil- und steuerrechtlichen Literatur und Rechtsprechung vielfach ausgeleuchtet worden. Die *Bauherrengemeinschaft ohne professionellen Betreuer, die freie Bauherrengemeinschaft,* die in der rechtlichen Struktur mit dem Bauherrenmodell identisch ist, ist dagegen juristisch wenig thematisiert.
Die wirtschaftlichen Hintergründe und die Motive für das Entstehen eines Bauherrenmodells und einer freien Bauherrengemeinschaft sind grundverschieden. Eine Beteiligung an einem Bauherrenmodell hat bei unbefangener Betrachtung den Charakter eines Kaufs einer Wohn- oder Gewerbeeinheit zum Gegenstand. Sowohl beim Initiator des Bauherrenmodells als auch bei den Teilnehmern stehen regelmäßig die Gedanken der Kapitalanlage und der Steuerersparnis im Vordergrund. Das Bestehen einer Baugemeinschaft ist kaum wahrnehmbar. Mit einer einzigen Unterschrift beim Notar hat der Beteiligte am Bauherrenmodell zumeist alle von ihm persönlich zu erbringenden rechtlich relevanten Handlungen vorgenommen. Alles Übrige erledigt für ihn der Baubetreuer und ein eventuell weiter eingeschalteter Treuhänder.
Anders bei der freien Bauherrengemeinschaft: hier finden sich die Bauwilligen auf der Basis persönlicher Kontakte zusammen, Hauptmotivation für ihren Bauwunsch ist ein persönliches Bedürfnis nach Raum zum Wohnen und zur Berufsausübung. Auch wollen diese Bauherren selbst „Herr" der gesamten Bauabwicklung und aller Rechtsgeschäfte bleiben.
Gerichtliche Entscheidungen, und damit Rechtsstreitigkeiten überhaupt, sind zur freien Bauherrengemeinschaft selten. Ganz offensichtlich gelingt es den Menschen, die sich in solchen Gemeinschaften organisieren, ein hohes Maß an Konsens und auch an Streitkultur zu entwickeln. Gleichwohl fragen auch sie nach den Rechtsverhältnissen. Diesen Bauwilligen – und vor allem denjenigen unter ihnen, die nicht als Juristen oder Immobilienkaufleute vorgebildet sind – will ich mit diesem Buch Antworten geben. Dabei möchte ich aufzeigen, wie eine solche Baugemeinschaft ins Leben treten und wie sie abgewickelt werden kann und welche rechtlichen Regelungen dazu notwendig sind.

Tübingen, im Sommer 1998
Friedrich Heinzmann

# I. Einleitung: das Problem des Zusammenfindens

Immer öfter schließen sich Familien und auch Gewerbetreibende zu einer Baugemeinschaft zusammen, um kostengünstig und individuell gestaltet zu Wohnraum und Gewerbeflächen zu kommen. Gemeinsam planen sie ein Haus, gemeinsam kaufen sie einen Bauplatz, gemeinsam errichten sie das Gebäude und mit übereinstimmendem Willen begründen sie Wohnungs- und Teileigentum (letzteres bei Gewerberäumen). Sie bilden schon im Planungs- und Baustadium, und nicht erst mit dem Einzug in das neue Haus, eine Gemeinschaft. Manche Baugemeinschaften bedienen sich eines Baubetreuers, andere wickeln als freie Baugemeinschaften, sozusagen in Selbstorganschaft, alle Schritte selbst ab. Auf Letztere, die freie Baugemeinschaft, wollen wir unseren Blick richten.

## 1. Vorteile der freien Baugemeinschaft

Die geringeren Kosten beim Bauen innerhalb einer freien, selbstorganisierten Baugemeinschaft gegenüber einer Beteiligung an einer Baugemeinschaft mit professionellem Baubetreuer und gegenüber einem Kauf vom Bauträger sind allgemein bekannt. Darüber hinaus kann bei der freien Baugemeinschaft der einzelne Bauherr in sehr hohem Maß auf die gesamte Baugestaltung, die Architektur, die Größe und Anordnung der Wohnungen, die Wahl der Baumaterialien, die Ausstattung der gemeinschaftlichen Einrichtungen wie des Treppenhauses, des Eingangsbereichs und eventueller Gemeinschaftsräume (Waschküche, Werkstatt, Raum für Feste und sonstige Veranstaltungen), die Haustechnik und die Gartengestaltung (eine Silbertanne oder ein Kirschbaum?) Einfluss nehmen.
Zu den materiellen Vorteilen tritt ein ideeller Aspekt. Die Mitglieder der freien Baugemeinschaft entscheiden selbst, wer mit ihnen baut. Sie wissen von Anfang an, mit wem sie später das Haus besitzen werden und mit wem sie später die niemals ausbleibenden Probleme aus der Hausgemeinschaft, der Eigentümergemeinschaft, zu lösen haben. Auch der größte Wert, den eine Hausgemeinschaft ihren Mitgliedern bieten kann, entwickelt sich bei diesem gemeinsamen Planen, Ausarbeiten von rechtlichen Regelungen und Realisieren der Planungen praktisch nebenbei: Es entsteht ein Gefühl der Zusammengehörigkeit und gegenseitigen Verantwortlichkeit bei Wahrung der Eigenständigkeit der einzelnen Familien. Die gegensätzlichen Werte Bezogenheit und Individualität entfalten sich in sehr hohem Ausmaß und gleichen sich gegeneinander aus, so dass sie optimal zur Wirkung kommen. Regelmäßig kommt es auch zu einer hohen Streitkultur. Durch kaum eine andere Aktion als das gemeinsame Bauen lässt sich dieser optimale Zustand in einem Haus besser verwirklichen.

## 2. Grundüberlegungen

Treten Menschen der freien Baugemeinschaft näher, so kommen so gut wie immer drei für dieses Vorhaben spezifische Fragen auf:

**Erstens:** Wie lässt sich sicherstellen, dass sich nur Menschen an dem Projekt beteiligen, die das notwendige Engagement mitbringen, die sich in die Gemeinschaft einbringen, die „gemeinsam mit mir und meiner Familie und den anderen Bauherren an einem Strang ziehen"?

**Zweitens:** Wie lässt sich sicherstellen, dass sich nur solche Familien und Gewerbetreibende beteiligen, die ausreichend zahlungskräftig sind, so dass der Bau unzweifelhaft fertiggestellt wird und nicht irgendwie steckenbleibt? und

**Drittens:** Wie muss das Ganze rechtlich in Verträge eingekleidet sein?

Im Fokus dieses Buches steht die dritte Frage. Die beiden anderen Fragen lassen sich nur unter Berücksichtigung der jeweils konkreten Verhältnisse näher erörtern. Im Folgenden möchte ich gleichwohl zu ihnen einige grundsätzliche Ausführungen machen.

## 3. Grundsätzliche Anmerkungen zur freien Baugemeinschaft

a) Ist bei allen Bauherren ausreichende finanzielle Kapazität vorhanden, die Baugemeinschaft allseits und immer von einem kräftigen übereinstimmenden Bauwillen durchdrungen, wird das Projekt von einem engagierten Architekten begleitet und kommt es zu keinen Störfällen wie Tod eines Bauherren, Ehescheidung, Verlust des Arbeitsplatzes oder eines sonstigen finanziellen Engpasses, so muss auf die rechtliche Konstruktion nicht zurückgegriffen werden. Für diesen Idealfall genügt, dass die Verträge formlos und teilweise sogar nur durch schlüssiges Handeln (konkludent) abgeschlossen sind. Um die rechtliche Einkleidung muss sich bei diesen günstigen Verhältnissen niemand Gedanken gemacht haben.

b) Eine *saubere Ausarbeitung der Verträge* macht aber in jedem Falle Sinn. In ausformulierten Verträgen ist erstens das Programm der Baugemeinschaft niedergeschrieben und zweitens enthalten diese bindende Regelungen für Störfälle – vor allem die schon genannten Tod, Ehescheidung, Arbeitsplatzverlust und sonstige finanzielle Engpässe, aber auch tiefgehende und unüberbrückbare Meinungsverschiedenheiten. Darüber hinaus ist das gemeinsame Durcharbeiten und Ausformulieren der Verträge, genauso wie das gemeinsame Ausarbeiten der Pläne und der Baubeschreibung, eine gute Gelegenheit, sich gegenseitig kennenzulernen, bevor man sich endgültig miteinander einlässt. Eine grundsätzliche Antwort auf unsere erste Ausgangsfrage, so meine ich, habe ich gegeben.

c) Zu den gemeinsamen Planungen und dem gemeinsamen Ausarbeiten der Verträge müssen, sofern nicht einzelne Gruppenmitglieder ausreichend kompetent sind, Fachleute zugezogen werden. Die einzelnen Aufgaben der Planung sollten an den Architekten und die Fachingenieure einzeln (von der Grobplanung ausgehend und hingehend zur Detail- und endgültigen Planung) vergeben werden.

Bis zum Feststehen der endgültigen Planung sollte jedes Mitglied die Möglichkeit zum jederzeitigen Verlassen der Baugemeinschaft haben, wobei es aber alle Kosten der bisherigen Planung und der bisherigen Rechtsberatung mittragen muss und dafür nur insoweit Ersatz bekommt, als diese von einem Nachfolgemitglied wieder hereingebracht werden. Bis zur Festlegung der endgültigen Planung und der endgültigen Baubeschreibung sollte keine Rechtspflicht zum Verbleiben in der Baugemeinschaft bestehen. Ein Druck zum Verbleiben sollte nur davon ausgehen, dass unabschätzbar ist, inwieweit die investierten Planungskosten zurückbezahlt werden. Bei diesem Mechanismus kann die Gruppe schrittweise und langsam zusammenwachsen. Das Maß der Bindung durch finanzielles Risiko und rechtsgültigen Vertrag wächst somit gleichmäßig mit dem Kennenlernen der übrigen Bauherren.

Die in diesem Buch vorgeschlagene Regelung sieht demgemäß eine weniger bindende Planungsgemeinschaft, aus der – allerdings bei dem Risiko finanziellen Verlustes – jederzeit und ohne Angabe von Gründen der Austritt möglich ist, und – zeitlich folgend und rechtlich bindend – eine Bauherrengemeinschaft vor.

d) Unabdingbar ist, dass die Mitglieder der Planungsgemeinschaft ihre finanziellen Möglichkeiten untereinander offenlegen und, sobald die Planungsgemeinschaft in die Bauherrengemeinschaft übergeht, ihre Finanzkraft *mittels unwiderruflicher Bankbestätigung* nachweisen. Jedes Mitglied muss, ausgehend von einer groben Prognose über die Finanzierbarkeit seines Vorhabens bei Gründung der Planungsgemeinschaft bis zum Festliegen der endgültigen Planung und Gründung der Bauherrengemeinschaft, eine konkrete Finanzierung nachweisen. Auch ein gewissenhafter Baubetreuer oder Bauträger behandelt die Fragen der Finanzierung nicht anders.

Ist die Baugruppe groß oder haben die Bauwilligen auch in einer kleineren Gruppe Hemmungen, die Finanzierung voreinander offenzulegen, so kann die Kontrolle der Finanzierung auch einem *Steuer- oder Wirtschaftsberater* übertragen werden. Bei diesem Steuer- oder Wirtschaftsberater können auch die Aufgaben der Projektentwicklung und das gesamte Finanzwesen, einschließlich Kostenkontrolle, Bezahlung der Rechnungen und Anforderung der Gelder bei den einzelnen Bauherren, angesiedelt werden. Bei Banken und Bauunternehmern, die Baugemeinschaften oft reserviert gegenüberstehen, wirkt die Einschaltung eines Steuer- oder Wirtschaftsberaters vertrauensfördernd. Diese Vertrauensbildung kann auch sehr hilfreich sein, wenn es gilt, noch Abnehmer für Einheiten zu finden, die bei Baubeginn noch nicht belegt sind, welche die Gemeinschaft zunächst gemeinsam oder ein einzelner Bauherr als Treuhänder hält (siehe unten II 3 g).

e) Diesem Buch lege ich zu Grunde, dass die Bauwilligen, die Bauherren, letztlich eine *Eigentümergemeinschaft nach dem Wohnungseigentumsgesetz* anstreben. Auch andere Rechtsformen, in denen das Gebäude später den Bauherren zugeordnet sein soll, sind denkbar. In Betracht kommen vor allem die Genossenschaft, der bürgerlich-rechtliche Verein, die Gesellschaft bürgerlichen Rechts und die Miteigentümergemeinschaft mit Gemeinschaftsregelung nach § 1010 BGB.

Die Wohnungseigentümergemeinschaft hat sich in der Praxis durchgesetzt, denn sie hat – wie im nächsten Absatz dargelegt – gegenüber allen anderen Rechtsformen mannigfache Vorteile, so dass Letztere nur bei sehr speziellen Sachlagen angemessen sind. Grundlage einer Genossenschaft, eines bürgerlich-rechtlichen Vereins und einer bürgerlich-rechtlichen Gesellschaft ist jeweils ein gemeinsamer, die Mitglieder verbindender Zweck. Diese Rechtsformen eignen sich besonders für Gemeinschaften, die soziale, karitative, weltanschauliche oder religiöse Ziele verfolgen. Die Miteigentümergemeinschaft mit Gemeinschaftsregelung nach § 1010 BGB wurde gelegentlich gewählt, bevor 1951 das Wohnungseigentumsgesetz in Kraft trat. Sie war ein Behelf für eine damals noch fehlende Gemeinschafts- und Eigentumsform.

Das Wohnungseigentumsgesetz ist vom Ansatz her sachenrechtsbezogen, das heißt zunächst an der gemeinschaftlichen Sache, dem gemeinschaftlichen Grundstück mit dem Gebäude, orientiert. Es geht vom Sondereigentum des einzelnen Eigentümers an einer einzelnen Wohnung oder Gewerbeeinheit und vom Miteigentum am Grund und Boden und an den gemeinschaftlichen Gebäudeteilen aus. Für jede einzelne Eigentumswohnung und jede Gewerbeeinheit wird beim Grundbuchamt ein besonderes Grundbuch angelegt. Jede Eigentumswohnung und jede Gewerbeeinheit ist selbständig veräußerbar und beleihbar. Neben die Sachenrechtsgrundsätze treten gleichberechtigt Grundsätze des Personenverbandsrechts. Das Wohnungseigentumsgesetz und der sich auf ihm gründende Teilungsvertrag (auch Teilungserklärung oder Gemeinschaftsordnung genannt) grenzt die Interessen der einzelnen Eigentümer untereinander und gegenüber der Gemeinschaft ab. Des weiteren geben sie Regelungen zur gemeinschaftlichen Bewirtschaftung und Verwaltung bis hin zu sehr seltenen Konfliktlagen wie Uneinigkeit in der Gemeinschaft bei Zerstörung des Gebäudes. Ein unübersehbarer Vorteil ist auch – für die langfristige Betrachtung, die bei Immobilien geboten ist – die sehr große Anzahl von Anlagen in dieser Rechtsform. Denn diese große Anzahl bewirkt, dass die Gerichte und die Rechtslehre für Fallkonstellationen und erst in der Zukunft auftretende Probleme, die im Gesetz oder im Teilungsvertrag nicht geregelt sind, durch Rechtsfortbildung befriedigende Lösungen entwickeln.

f) Denkbar ist auch der Erwerb eines Bauplatzes von einem anderen Rechtsträger als einer Gemeinde. Zu sehen ist aber, dass der Verkauf an eine Bauherrengemeinschaft auch auf der Seite des Verkäufers besondere organisatorische Aufwendungen mit sich bringt und dass der Verkäufer vor allem das Grundstück bereit halten muss, bis sich die Bauherrengemeinschaft endgültig zusammengefunden hat. Zu diesem Mehraufwand und zu dieser zeitlichen Verzögerung sind neben (bürgerlichen) Gemeinden am ehesten Kirchengemeinden bereit, denn auch ihnen obliegt ein sozialer Auftrag. Der Kauf des Bauplatzes von Privatpersonen gelingt nur in Ausnahmefällen. In Frage kommt schließlich, dass sich ein Eigentümer eines Bauplatzes an der Bauherrengemeinschaft beteiligt oder diese sogar initiiert und das Baugrundstück in die Gemeinschaft einbringt. Auch in diesem Fall bedeutet für den Eigentümer des Bauplatzes das Zusammenarbeiten mit einer freien Baugemeinschaft einen erheblichen organisatorischen Mehraufwand gegenüber der regelmäßig praktizierten Lösung, wonach er an einen Bauträger den Bauplatz verkauft und von diesem eine Eigentumswohnung (zurück-)erwirbt. Der Bauplatzeigentümer, der sich allerdings für die Zusammenarbeit mit einer freien Bauherrengemeinschaft entscheidet, erlangt alle deren Vorteile; und wenn ein erfahrener Architekt beteiligt ist und schon frühzeitig dazu noch ein erfahrener Notar eingeschaltet wird (die frühe Einschaltung eines Notars bietet sich hier an, weil Grundstückskaufvertrag und Gesellschaftsvertrag hier enger miteinander verbunden sind und alle Rechtsgeschäfte durch einen Juristen gesteuert werden sollten), so übernehmen diese auch die meisten Aufgaben der Organisation.

## II. Die Verträge der Baugemeinschaft

### 1. Allgemeines zur Planungs- und Bauherrengemeinschaft

Schon unter Ziff. I 3 ist dargetan, dass die Errichtung des Gebäudes zweckmäßigerweise in eine Planungsphase und eine Bauphase, in eine Planungsgemeinschaft und eine Bauherrengemeinschaft unterteilt wird. Beide Gemeinschaften sind hier Gesellschaften des bürgerlichen Rechts, und beiden liegt jeweils ein Gesellschaftsvertrag nach den §§ 705 ff. BGB zu Grunde. Für beide ist hier ein Mustergesellschaftsvertrag abgedruckt. Für beide Mustergesellschaftsverträge gilt, wie im Vorwort bereits angesprochen, dass sie nur Denk- und Diskussionsgrundlagen für die jeweils individuelle Baugemeinschaft sein können. Wohl niemals können die Musterverträge insgesamt kopiert werden, denn zum einen gibt es in jeder Baugemeinschaft von jeder anderen Baugemeinschaft abweichende, ganz individuelle Interessen, die festgestellt und geregelt werden müssen, und zum anderen sind in den Musterverträgen bereits solche, nahezu einmalige Interessenlagen angesprochen und dazu Vereinbarungen vorgeschlagen. Das Letztere habe ich in der Absicht gemacht, dem Leser die rechtlichen Rahmenbedingungen aufzuzeigen und bei ihm ein Gespür zu wecken für potentielle Probleme und deren Lösbarkeit. Die Musterverträge geben Anregungen, keine insgesamt kopierbaren Lösungen!

Andere Rechtsformen sind für beide Gemeinschaften, allerdings nur mehr theoretisch, möglich. Zu erwägen sind der bürgerlich-rechtliche Verein, die GmbH und die Genossenschaft. Diese Verbandsformen, die eigene Rechtspersönlichkeit besitzen, sind jedoch für Vereinigungen konzipiert, die eine länger dauernde Tätigkeit entfalten und sich nicht auf ein einzelnes Projekt beschränken wollen. Die Formalitäten zu diesen Rechtsformen sind für die Baugemeinschaft in aller Regel unangemessen. Verbände in diesen Rechtsformen müssen zwingend in den öffentlichen Registern und den Bekanntmachungen des Amtsgerichts publiziert werden. Die Satzung (der Gesellschaftsvertrag) ist beim Register zu jedermanns Einsicht zu hinterlegen, und jede Änderung in der Vertretungsbefugnis (Vorstand, Geschäftsführung) muss, wie die Gründung der Gesellschaft, veröffentlicht werden. Im Rahmen der Wohnungseigentümergemeinschaft sind wegen des sachenrechtlichen Typenzwangs, dem diese Gemeinschaft unterliegt, Planung und Bau nicht möglich. In aller Regel bleibt nur die spontan gründbare und in ihrer Ausgestaltung sehr flexible BGB-Gesellschaft.

### 2. Zum Gesellschaftsvertrag der Planungsgemeinschaft

a) Der Gesellschaftsvertrag schreibt den *Zweck*, das gemeinsame Ziel, der Gemeinschaft und Regelungen zur Organisation fest. Ziel der Planungsgemeinschaft ist die Bauplanung im weitesten Sinne und die Reservierung eines Baugrundstücks bei der Gemeinde. Im Einzelnen ist auf die Planungsgrundsätze und den Arbeitsauftrag im Mustervertrag zu verweisen.

b) In seinem *Organisationsteil* regelt der Gesellschaftsvertrag den Aus- und Eintritt von

Mitgliedern, die Frage der Beiträge – durch welche die Kosten der Gemeinschaft gedeckt werden müssen –, die Stellung und Aufgaben der Ausführungsorgane (hier Bevollmächtigte und Arbeitsgruppen) sowie die Befugnisse und die Formalitäten der Mitgliederversammlung (Gesellschafterversammlung).

c) Dem Abschluss des Gesellschaftsvertrags zur Planungsgemeinschaft gehen das Zusammenfinden der Bauwilligen, erste Überlegungen zu dem Projekt, erste Gespräche mit der Gemeinde über das Baugrundstück und das Ausarbeiten des Gesellschaftsvertrags voraus. Zeitlich vor der Planungsgemeinschaft besteht somit meistens eine *Interessengemeinschaft*, die noch keine Rechtsbindung erzeugt und zu der sich die Bauwilligen schon mehrfach in Versammlungen getroffen haben. Auch ein Architekt ist oftmals bereits vor Abschluss des Vertrages zur Planungsgemeinschaft eingeschaltet. Stets hängt das Gelingen der Baugemeinschaft in sehr hohem Maß von der Kompetenz und dem Engagement des Architekten ab!

d) Sichergestellt sein muss – von den ersten Anfängen an –, dass die *Vergütungen* (Werklöhne, Honorare und dergleichen) für alle, die entgeltliche Leistungen an die Gemeinschaft in irgendeiner Form erbringen, seien es erste Planungsleistungen des Architekten, Leistungen der Ingenieure, eines Rechtsanwalts oder Steuerberaters oder Leistungen der Handwerker, bereits bevor die Aufträge erteilt werden, durch Gelder oder Forderungen der Gemeinschaft gedeckt sind, entweder durch Guthaben auf einem Gemeinschaftskonto oder aber durch bindende und nachweisbare Zahlungsversprechen der Bauwilligen. Niemals darf die Gemeinschaft in die Verlegenheit kommen, dass sie ihrem Geld mit zweifelhafter Erfolgsaussicht hinter einzelnen Mitgliedern herlaufen muss. Von Anfang an und immer sollte auch die Vergütung des Architekten mit diesem geregelt sein.

Anzumerken ist hier, dass der Bundesgerichtshof durch Urteil vom 21.01.2002, Az.: II ZR/2/00, entschieden hat, dass künftige Wohnungseigentümer, die gemeinschaftlich eine Wohnungseigentumsanlage errichten, für die Herstellungskosten *(Aufbauschulden)* nur anteilig haften. Der Bundesgerichtshof machte damit für die Bauherrengemeinschaft eine Ausnahme von der grundsätzlich unabdingbaren gesamtschuldnerischen Haftung der Gesellschafter einer GbR, die er in seiner Rechtsfortbildung vom 27.09.1999, Az.: II ZR 371/98, anordnete. Die Teilnehmer einer Bauherrengemeinschaft sollten auf diese neuere Rechtsprechung aber nicht bauen. Sie sollten die Fragen der Finanzierung vielmehr stets sehr sorgfältig angehen. Die neuere Rechtsprechung bewahrt sie zwar vor der gesamtschuldnerischen Haftung, nicht aber davor, dass die Fertigstellung des Baus unterbleibt, wenn die finanziellen Mittel ausgehen.

e) Der Gesellschaftsvertrag der Planungsgemeinschaft ist, da noch keine Pflicht zum Erwerb des Baugrundstücks und auch keine Pflicht zur Begründung von Wohnungs- und Teileigentum begründet wird, formfrei, das heißt auch mündlich (und sogar konkludent, d.h. durch schlüssiges Handeln) möglich. Damit sich die Planungsgemeinschaft über ihr Aufgabenprogramm und dessen Abwicklung und Finanzierung klar wird, damit potentielle Probleme hinreichend durchdacht und angemessen geregelt werden und auch aus Gründen der Rechtssicherheit sollte er jedoch schriftlich abgefasst und von allen Mitgliedern unterschrieben werden.

f) Der Mustervertrag sieht ein *einfaches Austrittsrecht* vor, das allerdings mit dem Risiko eines finanziellen Verlusts des Austretenden verbunden ist. Dieser drohende Verlust wächst mit dem Planungsfortschritt, was bewirkt, dass die Bauherren am Anfang ziemlich locker und mit der Zeit immer mehr untereinander gebunden sind. Dies entspricht einem gerechten Interessenausgleich: Wer frühzeitig die Baugemeinschaft wieder verlässt, soll mit allenfalls geringen Einbußen ‚davonkommen'; wer sich spät zum Austritt entschließt, soll sein Zögern und Hinhalten nicht die anderen bezahlen lassen; eine Ausnahme ist zu machen, wenn ein geeigneter Nachfolger gestellt wird.

g) Ein Vergleich der Musterverträge zur Planungsgemeinschaft und zur Bauherrengemeinschaft zeigt, dass in der Planungsphase ein Bauwilliger ausgeschieden und drei Bauwillige eingetreten sind.

## 3. Bauherrengemeinschaft

a) *Zweck* der Bauherrengemeinschaft ist die Herbeiführung des Erwerbs des Baugrundstücks durch die Gesellschafter als Miteigentümer nach Bruchteilen (Tausendstel, denen später im Teilungsvertrag das Sondereigentum an der jeweiligen Wohnung oder Gewerbeeinheit zugewiesen wird) und die Ausführung des Bauvorhabens auf der Grundlage der von der Planungsgemeinschaft erarbeiteten Planung. Unter Ziff. 1 ist bereits ausgeführt, dass als Rechtsform in aller Regel nur die Gesellschaft bürgerlichen Rechts in Betracht kommt. Auch in diesem Gesellschaftsvertrag ist neben dem Gesellschaftszweck (im Mustervertrag im Wesentlichen unter *1. Gegenstand der Gesellschaft* ausgeführt) ein Organisationsstatut festzulegen.

b) Der Gesellschaftsvertrag ist, da er auch zum Erwerb des Baugrundstücks verpflichtet, nach § 311b Abs. 1 Satz 1 BGB an und für sich vor einem Notar zu schließen, was erhebliche Kosten verursacht. Über diese Formerfordernis kann nach § 311b Abs. 1 Satz 2 BGB weggekommen werden. Nach § 311b Abs. 1 Satz 2 BGB wird der formfrei oder aber in einfacher Schriftform (schriftliche Abfassung des Vertragstextes und Unterschrift aller Gesellschafter) geschlossene Gesellschaftsvertrag in vollem Umfang wirksam, wenn die Bauherren (nach Abschluss des Bauplatz-Kaufvertrags vor dem Notar, vollständiger Kaufpreiszahlung, Auflassung und – zumindest vorläufiger – Erledigung der Grunderwerbsteuer mit dem Finanzamt; eventuell gibt es aber auch noch weitere Voraussetzungen) als Eigentümer des Baugrundstücks in das Grundbuch eingetragen werden. Wird der Gesellschaftsvertrag nicht notariell beurkundet, so können Rechte und Pflichten aus ihm bis zur grundbuchlichen Eigentumsumschreibung nicht durchgesetzt werden. Wird der Bauplatz von der öffentlichen Hand erworben, so muss in der Praxis die Eigentumsumschreibung aber zügigst erfolgen, denn vor dieser Umschreibung können die Finanzierungsgrundpfandrechte für die Banken, Versicherungen und Bausparkassen nicht in das Grundbuch eingetragen werden. Stets ist aber die Frage aufzuwerfen, was mit einer Bauherrengemeinschaft zu erreichen ist, die intern bereits vor dem endgültigen Erwerb des Bauplatzes Prozesse führt. Ganz regelmäßig ist deshalb die notarielle Beurkundung des Gesellschaftsvertrags der Bauherrengemeinschaft überflüssig.

Zur Frage der Kosten ist noch zu sagen, dass die Kosten der Beurkundung durch den Notar auch die Ausarbeitung des Vertrages einschließlich der damit verbundenen Beratung durch ihn abdecken. Benötigen die Bauherren juristische Hilfe und ist ein Notar bereit, neben der Beurkundung auch die Ausarbeitung des Vertrages zu übernehmen, so stellen sie sich kostenmäßig oftmals günstiger, wenn sie sofort einen Notar einschalten, denn die Gebühren des Notars können niedriger sein als die Vergütung eines Rechtsanwalts. Mit Rechtsanwälten sind allerdings Honorarvereinbarungen möglich – mit Notaren nicht –, und somit kann die Einschaltung eines Rechtsanwalts wiederum gegenüber der Einschaltung eines Notars wesentlich günstiger sein, wenn eine entsprechende Kostenvereinbarung getroffen wird.

c) Ein *Austritt* aus der Bauherrengemeinschaft ist kaum möglich, nur bei wichtigem Grund, oder, wenn drei Viertel der übrigen Gesellschafter mitwirken, bei Stellen eines Nachfolgers. Das Interesse der übrigen Gesellschafter an der Baufertigstellung geht dem Interesse des einzelnen Gesellschafters auf Freiheit zum jederzeitigen Ausscheiden vor. Anzumerken ist, dass bei Geltendmachen eines Austrittswunsches ein gestellter Nachfolger nicht willkürlich abgelehnt werden darf. Nach den zwischen den Gesellschaftern bestehenden Treubindungen (von der Rechtsprechung und der Lehre entwickelt) müssen Gründe eine solche Ablehnung rechtfertigen, und dies insbesondere, wenn der Gesellschafter seinerseits Gründe zum Ausscheiden hat.

d) Aus *Verträgen*, die für die Bauherrengemeinschaft abgeschlossen werden, insbesondere mit einem Generalunternehmer oder Generalübernehmer, dem Architekten, Ingenieuren, einem Rechtsanwalt, einzelnen Handwerkern usw., haften die Gesellschafter (Bauherren) nach jüngerer Rechtsprechung zwar nicht als Gesamtschuldner. Wenn sich die einzelnen Bauherren allerdings auf ihre (nur) anteilige Haftung berufen wollen, so droht ihnen regelmäßig, dass der Bau ‚stecken bleibt' (Näheres siehe oben bei den Anmerkungen zur Planungsgemeinschaft, Ziff. 1 d). Auch unter diesem Gesichtspunkt ist wichtig, dass die Zahlungsfähigkeit jedes Bauherrn vor Baubeginn mittels unwiderruflicher Bankbestätigung nachgewiesen ist und das gesamte Finanzwesen sehr ordentlich abgewickelt wird (oben I 3 d).

e) *Ausgleichszahlungen* (Ziff. 5) sind eine spezielle Regelung bei dieser Baugemeinschaft. Vorteile, die diese ausgleichen, sind bei anderen Baugemeinschaften oft gar nicht vorhanden oder aber bereits anderweitig ausgeglichen.

f) Die *Geschäftsführung* kann bei allen Gesellschaftern gemeinschaftlich, bei einzelnen Gesellschaftern oder auch bei einem Außenstehenden liegen. Die gesetzliche Regelung sieht in § 709 BGB die gemeinschaftliche Geschäftsführung aller Gesellschafter mit der Maßgabe vor, dass zu jedem Geschäft die Zustimmung aller erforderlich ist, was eine äußerste Schwerfälligkeit begründet und folglich im Gesellschaftsvertrag abbedungen werden sollte. Auch einfache vertragliche Regelungen, für die das Gesetz ergänzende Regelungen enthält, sind für die Bauherrengemeinschaft in aller Regel nicht brauchbar.
Im Mustervertrag ist deshalb eine ausführliche Regelung der Geschäftsführung vorgesehen. Der im Mustervertrag vorgesehene Wechsel im Geschäftsführeramt ist eine Besonderheit dieser Baugemeinschaft. Sie mag zunächst sonderbar erscheinen. Ist es doch nicht üblich, den Vorstand zu wechseln, solange dieser gut arbeitet und nicht selbst zurücktreten will. In der freien Baugemeinschaft – wie auch bei der Lösung mit Baubetreuer und dem Kauf vom Bauträger – treten jedoch mannigfache Detailfragen und Detailprobleme auf, und Missstimmungen bleiben in allen Fällen so gut wie nie aus. Die wechselnde Geschäftsführung, wie sie hier dargestellt ist, hat bei Baugruppen, die sie angewandt haben, in hohem Maße zur Vermeidung und zur Überwindung solcher Missstimmungen geführt.

g) Wollen die Gesellschafter mit dem Bau beginnen, bevor alle Einheiten von ‚Endeigentümern' belegt sind, so kommt in Betracht, dass diese *noch freien Einheiten* die Gesellschaft in ihrer Gesamtheit („zur gesamten Hand") oder aber einzelne Gesellschafter als Treuhänder vorübergehend übernehmen. Im Gesellschaftsvertrag sollte bei einer solchen Sachlage geregelt sein, dass ein Bewerber um einen noch freien Anteil als neuer Gesellschafter nur abgelehnt werden darf, wenn die Finanzierung nicht einwandfrei nachgewiesen ist oder wenn die einfache Mehrheit der Gesellschafter nach freier, aber gewissenhafter Würdigung aller Umstände zu dem Ergebnis kommt, dass der Bewerber sich nicht in die Baugemeinschaft einfügen wird. Im Teilungsvertrag nach dem Wohnungseigentumsgesetz wird die freie Einheit allen Gesellschaftern zur gesamten Hand oder dem Treuhänder zugewiesen. Im Bauplatz-Kaufvertrag erwirbt die Gesellschaft einen Miteigentumsanteil zur gesamten Hand oder der Bauherr, der zugleich Treuhänder ist, erwirbt einen erhöhten Anteil. Entsprechend sind vorübergehend die Eigentumsverhältnisse im Grundbuch ausgewiesen. Diese vorläufigen Lösungen sind jedoch – nach herrschender Meinung (vergleiche unten III) – mit besonderer Grunderwerbsteuer verbunden.

## 4. Teilungsvertrag nach dem Wohnungseigentumsgesetz

a)  Drittes Rechtsgeschäft, das die Bauherren untereinander verbindet, ist der Teilungsvertrag nach dem Wohnungseigentumsgesetz (auch Teilungserklärung oder Gemeinschaftsordnung genannt). Der Teilungsvertrag selbst entfaltet erst Rechtswirkung, nachdem das Gebäude errichtet ist, die Baugemeinschaft also zu ihrem Ende kommt. Gleichwohl muss er frühzeitig abgeschlossen und im Grundbuch vollzogen werden. Denn erst wenn dieser Vollzug vorliegt und die einzelnen Grundbücher für die Wohnungs- und Teileigentumsrechte angelegt sind, können die für die Baufinanzierung notwendigen Grundpfandrechte für die Banken, Versicherungen und Bausparkassen im Grundbuch eingetragen werden. Der Teilungsvertrag wirkt auch zwischen allen späteren Eigentümern der Eigentumswohnungen und Gewerbeeinheiten. Er ist die Satzung der späteren Eigentümergemeinschaft an dem Gebäude. Wie schon ausgeführt, wird in ihm Sondereigentum an den einzelnen Wohnungen und Gewerbeeinheiten mit den jeweiligen Miteigentumsanteilen (Tausendstel) verbunden und ein besonderes Gemeinschaftsverhältnis der Eigentümer untereinander begründet (siehe oben I 3 e).

b)  Der Teilungsvertrag bedarf unumgänglich der *notariellen Beurkundung*. Die Gebühr für die Beurkundung deckt auch die Tätigkeit des Notars für das Ausarbeiten des Teilungsvertrags ab. Es ist deshalb sinnvoll, wenn die Bauherren frühzeitig, zum Beispiel unmittelbar nach der notariellen Beurkundung des Bauplatz-Kaufvertrags, den Notar mit der Ausarbeitung betrauen, mit ihm offene Fragen klären und sich von ihm zunächst einen Entwurf fertigen lassen, den sie alle sorgfältig lesen und prüfen und erforderlichenfalls vor dem Beurkundungstermin mit dem Notar vorab besprechen und ändern lassen.

c)  Grundlage für den endgültigen Teilungsvertrag des Notars ist der von der Baubehörde abgestempelte und unterschriebene *Aufteilungsplan* sowie die mit diesem verbundene Abgeschlossenheitsbescheinigung. In der Regel erteilt die Baubehörde diese Urkunden nicht vor der Baugenehmigung. Wichtig ist deshalb, dass der Bauantrag mit genehmigungsfähigen Plänen und der Antrag auf die Abgeschlossenheitsbescheinigung mit einem Aufteilungsplan, regelmäßig in Zusammenarbeit mit dem Architekten, frühzeitig beim Baurechtsamt eingereicht werden.

d) Der gesamte Ablauf für den Teilungsvertrag, seinen Vollzug im Grundbuch und die Eintragung der Finanzierungsgrundpfandrechte für die Baukosten besteht aus vielen Schritten, deren genaue Abfolge, wie sie hintereinander kommen müssen, sich nicht vollständig im Voraus festlegen lässt. Flexibilität ist notwendig. Die Abwicklung ist Handwerk, keine Kunst. Geboten ist, dass sich die Geschäftsführung der Bauherrengemeinschaft, der Architekt und der Notar laufend abstimmen. Stets sollten Geschäftsführung und Architekt den Sachstand und die nächsten Schritte kennen – auch was zum Beispiel beim Baurechtsamt und bei den mit dem Verkauf des Bauplatzes befassten kommunalen Ämtern läuft. Unverzichtbar ist, dass alle Bauherren ihre Aufgaben, wie Verhandlungen mit Geldgebern, Beschaffung von Nachweisen für Fördermittel, zügig und mit dem gebotenen Nachdruck betreiben. Können Bauherren Notartermine nicht selbst wahrnehmen, so haben sie rechtzeitig einen Bevollmächtigten in notarieller Form zu bestellen, was allerdings mit Kosten verbunden ist.

e) Der abgedruckte Mustervertrag ist aus einem bundesweit verwendeten Formular, das im Bereich des Württembergischen Notariats besonders häufig benutzt wird, hervorgegangen. Die gesamte notarielle Urkunde ist wiedergegeben, um den Leser auch über die Formalitäten beim Notar zu informieren. Bei manchen Notaren kann der Teilungsvertrag noch umfangreicher sein, bei anderen wesentlich kürzer; aus diesem Grund ist der konkrete Teilungsvertrag nicht schlechter. Der verhältnismäßig umfangreiche Text wurde hier deshalb gewählt, um möglichst viel über das Wohnungseigentumsrecht aus dem Teilungsvertrag selbst heraus mitzuteilen.

f) In jüngster Zeit wird zunehmend über sogenannte *Öffnungs- und Anpassungsklauseln* in Teilungserklärungen und Gemeinschaftsordnungen diskutiert, die zur Änderung bestimmter Regelungen der Teilungserklärung (= des Teilungsvertrags) Mehrheitsbeschlüsse der Miteigentümer genügen lassen. Zweifellos muss eine Teilungserklärung – wie jede Satzung und jede Verfassung – im Laufe der Zeit an die sich ändernden Lebensverhältnisse angepasst werden können. Mit dem geltenden Wohnungseigentumsrecht in Deutschland, das die Teilungserklärung dogmatisch in erster Linie im *Recht an den Sachen* und nicht im *Verbandsrecht* ansiedelt, sind derartige Mehrheitsbeschlüsse nur schwer in Einklang zu bringen. Gleichwohl haben Rechtsprechung und Rechtslehre, um dem drängenden Bedürfnis der Praxis zu genügen, Grundsätze entwickelt, nach denen auch Änderungen der Teilungserklärung möglich sein sollen, wenn die Teilungserklärung selbst dies vorsieht. An diesen Grundsätzen sind zu nennen: 1) in den dinglichen Kernbereich des Wohnungs- und Teileigentums darf nur mit Zustimmung des betroffenen Eigentümers, nicht aber durch Mehrheitsbeschluss eingegriffen werden; 2) die Teilungserklärung selbst muss nach Fallgruppen und in objektiv vorhersehbarer Weise die zulässigen Änderungsbefugnisse festlegen; 3) ein Änderungsbeschluss bedarf der in der Teilungserklärung festgelegten qualifizierten Mehrheit, wobei als Mindestanforderungen zu gelten haben, dass $3/4$ der vertretenen Stimmen, alle unmittelbar betroffenen Eigentümer und mindestens die Hälfte aller vorhandenen Miteigentumsanteile zustimmen; 4) die Änderung muss allen Eigentümern zumutbar sein. Aus der Unbestimmtheit der Begriffe in diesen Grundsätzen wird deutlich, dass das Problem der Anpassung der Teilungserklärung an die sich auf lange Sicht immer ändernden Lebensverhältnisse nur durch ein Eingreifen des Gesetzgebers gelöst werden kann. In den zuständigen Ministerien ist das Problem erkannt und mit der erforderlichen Gesetzesänderung ist zu rechnen. Das abgedruckte Muster für einen Teilungsvertrag sieht eine Abänderung des Teilungsvertrags durch (qualifizierten) Mehrheitsbeschluss deshalb nicht vor; vorgesehen ist lediglich, dass der Verteilungsschlüssel zu den laufenden Kosten bei Zustimmung aller Eigentümer abweichend vom (beim Grundbuchamt hinterlegten und einsehbaren) Teilungsvertrag festgelegt werden darf und dass bauliche Veränderungen mit qualifizierten Mehrheitsbeschlüssen möglich sind.

## 5. Bauplatz-Kaufvertrag

a) Als letztes Vertragsmuster des zentralen Abschnitts dieser Arbeit ist der Musterkaufvertrag der Stadt Tübingen für Baugrundstücke im Entwicklungsbereich „Stuttgarter Straße/Französisches Viertel" mit dem Stand Anfang 2006 wiedergegeben. Der Vertrag ist wesentlich umfangreicher als ein Kaufvertrag mit einer Privatperson. Er enthält für die öffentliche Hand typische Vertragsbestimmungen, die letztlich aus dem Gleichbehandlungsgrundsatz und dem Sozialgebot, der Verpflichtung zum Umweltschutz sowie aus dem kommunalen Haushaltsrecht herrühren. Einige Bestimmungen haben ihre Grundlage in der Entwicklungsmaßnahme, welche die Stadt Tübingen nach den §§ 165 ff. Baugesetzbuch zur Umwandlung einer Militärbrache in ein innerstädtisch geprägtes Mischgebiet angeordnet hat. Und letztlich haben einige Bestimmungen ihren Ursprung in der Tatsache, dass die Stadt nicht an eine Einzelperson, sondern vielmehr an eine spezielle Personengemeinschaft, eine Bauherrengemeinschaft, verkauft.

b) Für die Stadt Tübingen ist – anders als regelmäßig bei privaten Verkäufern, die nur den Erlös, den Kaufpreis, im Blick haben – die Bebauung innerhalb der vorgegebenen Frist und die vorgegebene Nutzung (Wohnen und Gewerbe/freier Beruf) von besonderem Interesse, denn es gilt ein kommunalpolitisches Ziel, ein innerstädtisch geprägtes Mischgebiet mit verdichteter Bauweise, zu verwirklichen. Zu dieser speziellen Nutzung treten weitere politische Ziele, wie die Bevorzugung besonderer Bevölkerungskreise, z.B. Familien ohne bisheriges Wohneigentum, aber mit bereits vorhandenem Bezug zu Tübingen und der Ausschluss von Spekulation. Auf diesen Absichten beruhen die Bestimmungen zur Bauverpflichtung (Ziff. III 6), die Begrenzung der zukünftigen Miethöhe (Ziff. III 8), das Wiederkaufsrecht (Ziff. III 9) und die Vertragsstrafen (Ziff. III 16). Der Umsetzung besonderer städtebaulicher Ziele dienen die Bestimmungen zum Fernwärmesystem (Ziff. III 10, Wärmeversorgung); der Umstand, dass keine Gehwege eingerichtet werden und an deren Stelle zwischen Straßenfläche und Häusern ein ca. 50 cm breiter *halböffentlicher* Raum entsteht, der sowohl der Öffentlichkeit im Rahmen der Straßennutzung als auch den anliegenden Hausbewohnern dienen soll (z.B. zum Einrichten eines Lichtschachtes, zum Abstellen von Fahrrädern) und den die Bauherren zwar nicht zu kaufen, aber anzulegen und zu unterhalten haben (Ziff. III 11, Traufstreifen); die geschlossene Bauweise bei verschiedenen Traufhöhen und verschiedenen Gebäudetiefen sowie zeitlich individuellen Bauausführungen bringt schwierige Probleme zum Wärme- und Schallschutz mit sich, die juristisch nur durch eine sehr differenzierte Regelung gelöst werden können (Ziff. III 12, Wärme- und Schallschutz bei

Nachbarbebauung); das Thema der in Tübingen sehr beliebten gemeinschaftlichen Innenhöfe trotz kleiner Bauparzellen kann hier nur angerissen werden: Schon vor Verkauf der ersten Bauparzelle eines Baublocks entwickelt die Stadt zusammen mit den Baugemeinschaften des Baublocks die erforderliche und auf Dauer angelegte rechtliche Gestaltung und lässt diese v.a. in das Grundbuch eintragen (bevor der erste Bauplatz verkauft wird); die Herstellung des gemeinschaftlichen Innenhofs erfolgt durch alle Bauherren in dem gesamten Baublock gemeinsam (Ziff. III 13, Gemeinschaftlicher Innenhof); Ziff. III 14 schließlich trägt dem städtebaulichen Wunsch Rechnung, dass die Baugemeinschaften – wie bei alten Häusern – in den öffentlichen Raum hinein, v.a. auch über den Traufstreifen, Erker, Balkone und andere Auskragungen einrichten.

c) Anzumerken ist, dass hinter der Entwicklungsmaßnahme noch weitere Intentionen stehen. Diesen ist – für den Mustervertrag – durch persönliche Verhältnisse der Bauherren oder durch die Tatsache genügt, dass eine freie Bauherrengemeinschaft auftritt.

d) Die weiteren Bestimmungen des Kaufvertrags sollen hier nicht einzeln besprochen werden. Ihr Sinn dürfte sich demjenigen, auch dem juristischen Laien, der sich mit dem Tübinger Entwicklungsbereich befasst und den Text aufmerksam liest, auch so erschließen. Für spezielle Fachausdrücke wie Flurstück, Grundstück, Zahlungsverzug, Erschließung, Entwässerung, Auflassung, Altlast, Eigentumsvormerkung (= Auflassungsvormerkung) möchte der Leser erforderlichenfalls auf andere Publikationen zum Grundstücksrecht, vor allem zum Grundstückskauf zurückgreifen. Solche für interessierte Laien verfasste Publikationen, sind z.B. in Stadtbüchereien verfügbar.

## 6. Ablaufschema

| Rechtszustand | Wichtigste Aufgaben |
|---|---|
| INTERESSENGEMEINSCHAFT (keine Rechtsbindung) | – Zusammenfinden der ersten Bauwilligen (der Gründer der Baugemeinschaft)<br>– Klärung der verschiedenen Vorstellungen<br>– Erstes Abklären von Möglichkeiten<br>– Bewerbung um ein Baugrundstück<br>– Werbung weiterer Interessenten an Wohnungen und Gewerbeeinheiten |
| PLANUNGSGEMEINSCHAFT (Gesellschaft bürgerlichen Rechts, §§ 705 ff. BGB) | – Beauftragung von Architekt und Fachplanern (in Schritten)<br>– Vollständige Gebäudeplanung einschließlich Außenanlagen<br>– Vollständige Baubeschreibung<br>– Vollständige Kostenplanung<br>– Einteilung und Zuteilung der einzelnen Einheiten<br>– Individuelle Finanzierungsplanung der einzelnen Mitglieder und Nachweis der Finanzierung gegenüber der Gemeinschaft (unwiderrufliche Finanzierungsbestätigung einer Bank)<br>– Werbung von Interessenten für noch freie Einheiten |
| BAUHERRENGEMEINSCHAFT (Gesellschaft bürgerlichen Rechts, §§ 705 ff. BGB) | – Kauf des Baugrundstücks durch die Bauherren nach Tausendstel (Notar)<br>– Teilungsvertrag zur Begründung von Wohnungs- und Teileigentum (Notar), damit für die einzelnen Wohnungen und Gewerbeeinheiten besondere Grundbuchblätter angelegt werden (Notar) und die Finanzierungsgrundpfandrechte der einzelnen Bauherren in das Grundbuch eingetragen werden können (Notar)<br>– Errichtung des Gebäudes (Vergabe der einzelnen Aufträge an Handwerker usw. oder Generalunternehmer oder Generalübernehmer)<br>– Ständige Kostenkontrolle<br>– Festlegung noch offener Einzelheiten (z.B. Pflanzung welcher Bäume und Sträucher, endgültige Ausstattung eines Spielplatzes usw.) |
| EIGENTÜMERGEMEINSCHAFT nach WEG | – Vom Gesetz für die Ziele der Baugemeinschaft speziell ausgestaltete Rechtsgemeinschaft an dem fertigen Gebäude auf sehr lange Zeit<br>– Sondereigentum an den einzelnen Wohnungen und den einzelnen Gewerbeeinheiten<br>– Verkauf, Beleihung und Vererbung der einzelnen Einheiten möglich |

# III. Zur Grunderwerbsteuer

1. Ein Rechtsvorgang, der einen Kaufvertrag zum Gegenstand hat und sich auf ein inländisches Grundstück bezieht, unterliegt der Grunderwerbsteuer.
2. Problematisch für einzelne Bauherren ist oft, ob *Bemessungsgrundlage* für die Grunderwerbsteuer nur ihr Anteil am Grund und Boden, am bloßen Bauplatz, ist oder aber ob für die steuerliche Betrachtung zum Erwerbsvorgang auch ihre Anteile an den Baukosten zu zählen sind, weil es sich um ein einheitliches Vertragswerk handelt (Bauplatz-Kaufvertrag und Verpflichtung zur Bebauung als einheitliches Vertragsgebilde). Nach verbreiteter Ansicht ist auf den Stand der Planung zur Zeit des Beitritts des betroffenen Bauherrn zur Baugemeinschaft abzustellen und zu fragen, ob in diesem Zeitpunkt die Planung im Wesentlichen abgeschlossen ist; das heißt, ob der betroffene Bauherr die Planung noch wesentlich mitbestimmen konnte. Verfahren zu diesem Problemkreis sind anhängig.
3. Kommt es zu Meinungsverschiedenheiten über die Grunderwerbsteuer zwischen Bauherr und Finanzamt, so ist in jedem Fall schnellstens auf eine vorläufige Regelung hinzuwirken, damit das Finanzamt die für die Eintragung der Bauherren als Eigentümer im Grundbuch unabdingbare steuerliche *Unbedenklichkeitsbescheinigung* umgehend erteilt. Denn dieser Eigentumsvollzug im Grundbuch ist wiederum Voraussetzung für die Eintragung der Finanzierungsgrundpfandrechte der Banken, Versicherungen, Bausparkassen usw. (vergleiche oben II 3 b).

# IV. Vertragsmuster

## A. Der Gesellschaftsvertrag der Planungsgemeinschaft

GESELLSCHAFTSVERTRAG
der
Planungsgemeinschaft Projekt Küssnachtstraße 14

Die heute diese Urkunde unterzeichnenden Bauwilligen

*1. Werner Attinghausen, Rottenburg*
*2. Belmonte Bretzner, Wien*
*3. Hermann Gessler, Rottenburg-Wurmlingen*
*4. Armgard Kuoni und Walter Tell, Tübingen*
*5. Johannes Parricidia, Tübingen*
*6. Hedwig und Wilhelm (sen.) Tell, Tübingen und*
*7. Struth Winkelried, Tübingen-Weilheim*
*– nachstehend „Gesellschafter" –*

schließen sich hiermit zu einer Gesellschaft bürgerlichen Rechts unter der Bezeichnung

*Planungsgemeinschaft Projekt Küssnachtstraße 14*

zur Vorbereitung eines gemeinschaftlichen Bauvorhabens im Vierwaldstätter Viertel in Tübingen zusammen mit folgendem Gesellschaftsvertrag:

### 1. Planungsgrundsätze

Die Planungsgemeinschaft bereitet das Bauvorhaben auf der Bauparzelle Küssnachtstraße 14 in Tübingen mit folgenden Zielen vor:

- Kinder- und seniorenfreundliche Bauausführung und Grundstücksgestaltung
- Kostengünstiges Bauen durch maßvollen Standard und Planung in größeren Einheiten; Kosten von weniger als 1.900,– Euro einschließlich Grundstücks- und Nebenkosten je qm Wohn- und Nutzfläche sind anzustreben
- Flexible Grundrisse und verknüpfbare Wohnungen (Mehrgenerationenhaus)
- Gemeinschaftsbereiche und Gemeinschaftsräume (z.B. Eingangsbereiche als wettergeschützte Kinderspielbereiche, Fahrradraum, Versammlungsraum, Waschküche, Werkstatt)
- Umweltgerechte Bauweise; vor allem weitgehend natürliche Baustoffe, Niedrigenergiestandard, Solarenergienutzung soweit wirtschaftlich vertretbar
- Naturnah gestaltete Freiflächen

- Aktive Teilnahme am Leben im Stadtteil
- Wohnverträgliche Gewerbe und freie Berufe (Handwerk, Handel, Büro, Gesundheitsversorgung, Gastronomie etc.)
- Integration Behinderter in bautechnischer und sozialer Hinsicht
- Mitwirkung bei der Gestaltung des Straßenraums.

**2. Arbeitsauftrag der Planungsgemeinschaft**
- Bewerbung um das von der Stadt Tübingen ausgeschriebene Baugrundstück im Vierwaldstätter Viertel, Küssnachtstraße 14 mit ca. 900 qm; Kaufpreis ca. 260,– Euro je qm
- Klärung der rechtlichen und finanziellen Voraussetzungen betreffend Bebauung der Bauparzelle
- Zusage der Bauparzelle durch Gemeinderatsbeschluss
- Klärung der baurechtlichen Rahmenbedingungen bei Berücksichtigung der unter Ziff. 1 festgelegten Planungsgrundsätze
- Erstellung eines baulichen Konzepts; darauf aufbauend Entwurfs- und sodann Genehmigungsplanung; die individuellen Wohn- und Nutzungsvorstellungen der Gesellschafter sowie die Planungsgrundsätze sind zu berücksichtigen
- Festlegung eines allgemeinen Baustandards und Erstellung einer Baubeschreibung
- Erstellung einer Baukostenberechnung
- Ausarbeitung eines Nutzungskonzepts für die Gewerbeflächen; Gewinnung weiterer Gesellschafter/Bauherren für die noch nicht belegten Wohn- und Gewerbeflächen
- Einholen von Finanzierungsangeboten sowie von unwiderruflichen Finanzierungsbestätigungen für die einzelnen Gesellschafter/Bauherren über deren Grundstücks- und Bauanteile
- Erarbeiten eines Rechts- und Organisationskonzepts für die Bauphase und die spätere Nutzungsphase (Verwaltungsphase)
- Abklärung und Beantragung von öffentlichen Fördermitteln
- Verbindliche Vergabe von Wohn- und Gewerbeflächen an die einzelnen Gesellschafter.

**3. Bauherrengemeinschaft**

Die Bauherrengemeinschaft mit Bauverpflichtung wird durch einen besonderen Gesellschaftsvertrag begründet, der abzuschließen ist, sobald Pläne für einen Bauantrag gefertigt, der allgemeine Baustandard und die Baubeschreibung festgestellt, die Finanzierung gesichert und das Baugrundstück von der Stadt durch Gemeinderatsbeschluss zugesagt ist. Eine Verpflichtung zum Abschluss des Gesellschaftsvertrags der Bauherrengemeinschaft wird hiermit in einklagbarer Form nicht begründet. Die Gesellschafter sind jedoch gehalten, der Gesellschaft unverzüglich Mitteilung zu machen, wenn sie ihre Bauabsicht aufgeben. Des weiteren haben sich die Gesellschafter unverzüglich über ihren Beitritt zur Bauherrengemeinschaft zu erklären, wenn die Voraussetzungen nach Satz 1 vorliegen und die Bevollmächtigten den Gesellschaftsvertrag der Bauherrengemeinschaft zum Abschluss unterbreiten.

**4. Beiträge**
a) Bei Gründung der Gesellschaft, die die Planungsgemeinschaft zum Gegenstand hat, oder bei einem späteren Eintritt ist auf jeden Gesellschaftsanteil ein nicht rückzahlbares Eintrittsgeld von 1.000,– Euro zu leisten. Der Beitritt zur Gesellschaft wird erst mit

Zahlungseingang des Eintrittsgeldes wirksam. Die Gesellschaft kann mit drei Vierteln der Stimmen Erhöhungen und Ermäßigungen beschließen. Insbesondere kann sie beim Übergang von der Planungsgemeinschaft in die Bauherrengemeinschaft die Höhe des von jedem Gesellschafter endgültig zu leistenden Eintrittsgeldes nach der Höhe der von ihm zu leistenden Baukosten festlegen. Die Gesellschaft soll diesen Beschluss fassen, wenn die Belastung jedes Gesellschafters mit gleichem Betrag an den Kosten der Planungsgemeinschaft grob unbillig wäre.
b) Die Gesellschaft kann für alle Gesellschaftsanteile gleich hohe Nachschüsse beschließen. Für die Nachschüsse gelten lit. a) Sätze 3 ff. sinngemäß (vor allem Gebot zu individuellen Erhöhungen und Herabsetzungen bei grober Unbilligkeit).
c) Später eintretende Gesellschafter haben das Eintrittsgeld sowie eventuell beschlossene Nachschüsse spätestens zwei Wochen nach Fassung des Aufnahmebeschlusses zu erbringen.
d) Die Gesellschaft darf entgeltliche Aufträge nur erteilen, wenn deren Bezahlung durch ein Guthaben auf einem Bankkonto der Gesellschaft oder durch beschlossene, ausstehende Beiträge gedeckt ist.
e) Jeder Gesellschafter hat die Ziele der Planungsgemeinschaft durch aktive Mitarbeit zu fördern.

### 5. Weitere Gesellschafter, mehrere Inhaber eines Gesellschaftsanteils
a) Die Gesellschaft kann mit drei Vierteln der Stimmen die Aufnahme weiterer Gesellschafter beschließen.
b) Mehrere Gesellschafter (z.B. Ehegatten) halten als Gesamtschuldner einen Gesellschaftsanteil, wenn ihr Interesse auf eine gemeinsame Wohn- oder Gewerbeeinheit geht.
c) Jede Wohn- und jede Gewerbeeinheit bedeuten einen Gesellschaftsanteil.

### 6. Ausscheiden aus der Gesellschaft
a) Bei Kündigung, Tod oder Ausschluss eines Gesellschafters wird die Gesellschaft nicht aufgelöst, sondern von den verbleibenden Gesellschaftern fortgesetzt.
b) Der Austritt ist jederzeit durch schriftliche Erklärung möglich.
c) Ein Gesellschafter kann ausgeschlossen werden, wenn er die Gesellschafterpflichten gröblich verletzt und dadurch die Erreichung des gemeinsamen Zwecks erschwert oder gefährdet. Der Ausschluss wird mit drei Vierteln der Stimmen beschlossen. Dem Auszuschließenden ist vor der Abstimmung die Möglichkeit zur Stellungnahme zu geben. Der Ausschluss ist schriftlich mitzuteilen.
d) Wird ein Gesellschaftsanteil von mehreren Gesellschaftern gehalten und scheidet ein Gesellschafter infolge Tod oder Ausschluss aus der Gesellschaft aus, so bleibt der andere Gesellschafter, wenn er unverzüglich erklärt, dass er den Anteil allein halten will.
e) Grund für einen Ausschluss ist insbesondere gegeben, wenn ein Gesellschafter zu dem von der Gesellschaft festgelegten Termin den unwiderruflichen Finanzierungsnachweis seiner Bank trotz Nachfrist nicht erbracht hat.
f) Eine Rückzahlung von Beiträgen an den ausgeschiedenen Gesellschafter oder ein Erlass von beschlossenen, aber noch nicht bezahlten Beiträgen erfolgt nur, wenn und soweit die Gesellschaft diese Beiträge von einem neu eintretenden Gesellschafter erlangt hat.

### 7. Zuteilung von Wohn- und Gewerbeeinheiten
Die Zuteilung der Wohn- und Gewerbeeinheiten soll einvernehmlich erfolgen. Kommt es nicht zu diesem Einvernehmen, so erfolgt die Zuweisung mit drei Vierteln der Stimmen. Die Entscheidung hat sich vor allem an den Bedürfnissen der Gesellschafter und der Zeit zu orientieren, ab der diese ihre Bedürfnisse bei der Planung geäußert und verfolgt haben.

### 8. Bevollmächtigte und Arbeitsgruppen
a) Die Geschäfte der Gesellschaft werden durch mindestens zwei Bevollmächtigte geführt. Die Bevollmächtigten sind nur zu zweit zeichnungsberechtigt. Die Bevollmächtigten werden von der Gesellschafterversammlung jeweils für die Dauer von drei Monaten gewählt.
b) Den Bevollmächtigten obliegt insbesondere die Durchführung der Bauvorbereitung. Sie haben, soweit es möglich ist und geboten erscheint, vor Entscheidungen die Gesellschafterversammlung zu unterrichten. Entscheidungen, die nicht auf Beschlüssen der Gesellschafter beruhen, werden von den Bevollmächtigten mehrheitlich getroffen.
c) Die Haftung der Bevollmächtigten gegenüber der Gesellschaft ist auf Vorsatz und grobe Fahrlässigkeit beschränkt. Von den Beschränkungen des § 181 BGB sind sie befreit.
d) Ein Bevollmächtigter ist mit drei Vierteln der Stimmen jederzeit abwählbar. Jeder Bevollmächtigte kann sein Amt jederzeit, aber nicht zur Unzeit durch schriftliche Erklärung gegenüber allen Gesellschaftern niederlegen.
e) Die Gesellschafterversammlung kann intern Einzelpersonen oder Arbeitsgruppen mit der Bearbeitung von Einzelthemen beauftragen, insbesondere
- Art, Umfang und Gestaltung der Gemeinschaftseinrichtungen
- Art, Umfang und Leistung der gemeinschaftlichen haustechnischen Einrichtungen
- Art, Umfang und Gestaltung der gemeinschaftlichen Außenanlagen
- technische und finanzielle Realisierbarkeit ökologischer Maßnahmen
- Festlegung des Ausstattungsstandards und der Baubeschreibung
- Ermittlung von Einsparmöglichkeiten
- Möglichkeit und Umfang von Eigenleistungen
- Ermittlung von Finanzierungs- und Fördermöglichkeiten
- Werbung weiterer Gesellschafter (für freie Einheiten)

f) Den mit der Bearbeitung von Einzelthemen betrauten Personen erwächst durch diese Beauftragung keine Geschäftsführungsbefugnis. Die Gesellschaft kann durch die Tätigkeit der jeweils Beauftragten nicht rechtlich verpflichtet werden. Arbeitsergebnisse von Einzelpersonen oder Arbeitsgruppen werden erst durch Gesellschafterbeschluss verbindlich.

### 9. Gesellschafterversammlung
a) Gesellschafterversammlungen werden von einer vorausgegangenen Versammlung oder von den Bevollmächtigten nach Bedarf einberufen. Sie sind ferner einzuberufen, wenn mindestens zwei Gesellschafter dies verlangen.
b) Jeder Gesellschaftsanteil gewährt eine Stimme. Eine Vertretung bei der Stimmabgabe ist durch schriftliche Vollmacht möglich.
c) Entscheidungen sollen nach Möglichkeit einstimmig oder mit großer Mehrheit getroffen werden.
d) Die Einladung zur Gesellschafterversammlung durch die Bevollmächtigten erfolgt mit-

tels Brief unter Benennung der Tagesordnung sowie bei Einhaltung einer Einladungsfrist von mindestens sieben Tagen zwischen der Absendung der Einladung und dem Zusammentritt der Versammlung. Auf diese Förmlichkeiten kann durch einstimmigen Beschluss aller Gesellschafter verzichtet werden.

e) Gesellschafterversammlungen finden in Tübingen statt, wenn die Gesellschafterversammlung nichts anderes beschließt.

f) Eine Gesellschafterversammlung ist nur beschlussfähig, wenn mindestens die Hälfte der Gesellschaftsanteile anwesend oder vertreten ist. Ist eine Gesellschafterversammlung demnach nicht beschlussfähig, so ist innerhalb von 14 Tagen eine neue Gesellschafterversammlung mit gleicher Tagesordnung einzuberufen, die unabhängig von der Anzahl der erschienenen Gesellschafter beschlussfähig ist.

g) Interessenten an einer Mitgliedschaft können durch Beschluss der Gesellschafter als Zuhörer zugelassen werden.

h) Beschlüsse sind in einem Protokoll niederzulegen, das von mindestens drei Gesellschaftern zu unterschreiben ist.

## 10. Schlussbestimmungen

a) Soweit dieser Vertrag keine abweichende Regelung enthält, gelten die Bestimmungen der §§ 705 ff. des Bürgerlichen Gesetzbuchs.

b) Sollte eine Bestimmung dieses Vertrages unwirksam oder undurchführbar sein, so berührt dies die Gültigkeit der übrigen Bestimmungen nicht. Die unwirksame oder undurchführbare Bestimmung ist durch eine solche Regelung zu ersetzen, die den Zweck der unwirksamen oder undurchführbaren Bestimmung soweit wie möglich erreicht.


Tübingen, den               Unterschriften


Tübingen, den               Unterschriften der später beitretenden Gesellschafter

## B. Der Gesellschaftsvertrag der Bauherrengemeinschaft

GESELLSCHAFTSVERTRAG
der
Bauherrengemeinschaft Projekt Küssnachtstraße 14

Die heute diese Urkunde unterzeichnenden Bauherren

*Werner Attinghausen, Rottenburg*
*Berta von Bruneck, Tübingen*
*Hermann Gessler, Rottenburg-Wurmlingen*
*Armgard Kuoni und Walter Tell, Tübingen*
*Johannes Parricidia, Tübingen*
*Elsbeth und Werner Rösselmann, Tübingen*
*Gertrud und Werner Stauffacher, Kirchentellinsfurt*
*Hedwig und Wilhelm (sen.) Tell, Tübingen*
*Struth Winkelried, Tübingen-Weilheim*
– nachstehend „Bauherren" –

schließen sich hiermit zu einer Gesellschaft bürgerlichen Rechts unter der Bezeichnung

*Bauherrengemeinschaft Projekt Küssnachtstraße 14*

zur Ausführung des gemeinschaftlichen Bauvorhabens im Vierwaldstätter Viertel „Küssnachtstraße 14" in Tübingen zusammen mit folgendem Gesellschaftsvertrag:

### 1. Gegenstand der Gesellschaft
Gegenstand der Gesellschaft ist der Erwerb des Baugrundstücks in Tübingen, Vierwaldstätter Viertel, Küssnachtstraße 14 mit 882 qm durch die Bauherren zu Miteigentumsanteilen sowie dessen Bebauung mit im Sinne des Wohnungseigentumsgesetzes abgeschlossenen Wohn- und Gewerbeeinheiten gemäß der Genehmigungsplanung und dem vorläufigen Aufteilungsplan des Architekten Friedrich Tausendwasser aus Tübingen sowie der heute festgestellten Baubeschreibung samt Beschreibung des allgemeinen Baustandards.
Die Bebauung und künftige Nutzung des Grundstücks orientiert sich an folgenden Grundsätzen:
– Einhaltung der geplanten Kosten
– kinder- und seniorenfreundliche Ausstattung
– Verwendung natürlicher Baustoffe
– umweltgerechte Bauweise
– Ansiedlung wohnverträglichen Gewerbes und wohnverträglicher freier Berufe.

### 2. Zuweisung der Wohn- und Gewerbeeinheiten
Die Wohn- und Gewerbeeinheiten werden hiermit wie folgt zugewiesen:
– *Struth Winkelried* Büro (Teileigentum) Aufteilungsplan Nr. 1

- *Berta von Bruneck* Atelier (Teileigentum) Aufteilungsplan Nr. 2
- *Hedwig und Wilhelm (sen.) Tell* Eigentumswohnung Aufteilungsplan Nr. 3
- *Armgard Kuoni und Walter Tell* Eigentumswohnung Aufteilungsplan Nr. 4
- *Elsbeth und Werner Rösselmann* Eigentumswohnung Aufteilungsplan Nr. 5
- *Gertrud und Werner Stauffacher* Eigentumswohnung Aufteilungsplan Nr. 6
- *Hermann Gessler* Eigentumswohnung Aufteilungsplan Nr. 7
- *Werner Attinghausen* Eigentumswohnung Aufteilungsplan Nr. 8
- *Johannes Parricidia* Eigentumswohnung Aufteilungsplan Nr. 9.

## 3. Mehrere Personen als Inhaber eines Gesellschaftsanteils
Jede Wohneinheit sowie jede Gewerbeeinheit bedeuten einen Gesellschaftsanteil. Mehrere Gesellschafter (z.B. Ehegatten), die gemeinsam eine Wohn- oder Gewerbeeinheit erwerben wollen, halten gemeinsam einen Gesellschaftsanteil und haften hinsichtlich ihres Gesellschaftsanteils als Gesamtschuldner.

## 4. Ausscheiden von Gesellschaftern
Beim Ausscheiden eines oder mehrerer Gesellschafter wird die Gesellschaft nicht aufgelöst, sondern von den verbleibenden Gesellschaftern fortgesetzt.
Scheidet ein Gesellschafter durch seinen Tod aus, so kann die Gesellschaft auf Antrag des oder der Erben mit drei Vierteln aller Stimmen beschließen, dass der oder die Erben an Stelle des Verstorbenen in die Gesellschaft eintreten. Fasst die Gesellschaft diesen Beschluss nicht, so wächst der Anteil des Verstorbenen den verbliebenen Gesellschaftern gemeinschaftlich zu. Die Gesellschaft hat in diesem Fall an die Erben eine Ausgleichszahlung zu leisten, die sich nach dem Verkehrswert des Anteils richtet. Die verbliebenen Gesellschafter und die Erben sind in diesem Fall des weiteren zu einer solchen Lösung hinsichtlich des Gesellschaftsanteils und des Miteigentumsanteils am Baugrundstück (der im Bau befindlichen Eigentumswohnung oder Gewerbeeinheit) verpflichtet, die den Interessen aller weitestgehend gerecht wird und diese in gerechter Weise ausgleicht.
Die Gesellschaft kann auf Antrag eines ausscheidungswilligen Gesellschafters mit einer Mehrheit von drei Vierteln aller Stimmen beschließen, dass das Vertragsverhältnis mit diesem Gesellschafter gelöst wird, wenn gleichzeitig mit derselben Mehrheit ein neuer Gesellschafter aufgenommen wird, der den Anteil des entlassenen Gesellschafters übernimmt und in vollem Umfang in die Rechte und Pflichten des Ausscheidungswilligen eintritt. Mehrkosten dürfen den anderen Gesellschaftern durch diesen Gesellschafterwechsel nicht entstehen. Kommt es nach dieser Vorschrift wirksam zum Gesellschafterwechsel, so werden die von dem ausgeschiedenen Gesellschafter gezahlten Beiträge auf die Kosten angerechnet, die der neue Gesellschafter zu tragen hat. Der ausscheidende Gesellschafter hat keinerlei Ansprüche gegen die verbliebenen Gesellschafter auf Rückzahlung oder Vergütung irgendwelcher Beiträge.
Eine Kündigung der Gesellschaft ist nur aus wichtigem Grund möglich. Kündigt ein Gesellschafter demgemäß wirksam, so gelten der erste und zweite Absatz sinngemäß.
Gesellschafter, die ihre Verpflichtungen aus der Gesellschaft gröblich verletzen und dadurch die Erreichung des gemeinsamen Zwecks erschweren oder gefährden, können mit drei Vierteln aller verbleibenden Stimmen aus der Gesellschaft ausgeschlossen werden. Die Voraussetzungen für diesen Ausschluss liegen insbesondere vor,

- wenn ein Gesellschafter den vorgesehenen Anteil am Baugrundstück nicht erwirbt oder den Erwerb des Baugrundstücks insgesamt erschwert
- wenn ein Gesellschafter vor Fertigstellung des Bauvorhabens seinen Eigentumsanteil an dem Baugrundstück veräußert
- wenn ein Gesellschafter den unwiderruflichen Finanzierungsnachweis trotz Mahnung und Fristsetzung durch die Geschäftsführung nicht vorgelegt hat
- wenn ein Gesellschafter über einen Zeitraum von mindestens vier Wochen mit der Zahlung von eingeforderten Beiträgen in Höhe von mindestens 10.000,– Euro in Verzug geraten ist
- wenn ein Gesellschafter trotz schriftlicher Abmahnung durch die Geschäftsführung bei mindestens drei Zahlungsterminen länger als zwei Wochen mit der Zahlung von Beiträgen in Verzug gewesen ist. Ausstehende Beiträge von weniger als 10.000,– Euro werden für den Ausschluss nach diesem Spiegelstrich nicht berücksichtigt.

Wenn keine Zahlungsrückstände mehr bestehen und der Gesellschafter an zwei aufeinanderfolgenden Zahlungsterminen pünktlich und vollständig bezahlt hat, ist ein Ausschluss nach Spiegelstrich 4 oder 5 des vorstehenden Absatzes nur möglich, wenn dieser Gesellschafter erneut in Verzug geraten ist.

Dem auszuschließenden Gesellschafter ist die Möglichkeit zur schriftlichen oder mündlichen Stellungnahme zu geben. Der Ausschluss ist dem betroffenen Gesellschafter schriftlich unter Darlegung der wesentlichen Gründe aus dem Sachverhalt bekanntzugeben.

Ausgeschlossene Gesellschafter haben der Gesellschaft alle mit dem Ausschluss zusammenhängenden Schäden sowie alle zweckdienlichen Aufwendungen für die Gewinnung eines Nachfolgegesellschafters zu ersetzen. Insbesondere besteht die Pflicht zum Ersatz von Verzugszinsen und jeglichem sonstigen Verzugsschaden. Solange das gemeinschaftliche Gebäude nicht fertiggestellt und damit die Gesellschaft nicht durch Zweckerreichung beendet ist, hat der ausgeschlossene Gesellschafter seinen Anteil an dem gemeinschaftlichen Baugrundstück auf Verlangen der Gesellschaft auf einen neuen Gesellschafter oder einen verbliebenen Gesellschafter oder die verbliebenen Gesellschafter insgesamt gegen Zahlung eines angemessen Entgelts zu übertragen, wenn dies von der zwischen den Gesellschaftern während und nach Beendigung des Gesellschaftsverhältnisses bestehenden Treubindung geboten ist.

Der Anspruch des Ausgeschlossenen auf Rückzahlung von Beiträgen wird erst nach fünf Wochen fällig, nachdem ein oder mehrere neue Gesellschafter anstelle des Ausgetretenen in die Gesellschaft wirksam eingetreten sind oder ein oder mehrere verbliebene Gesellschafter den Anteil des Ausgeschlossenen übernommen haben. Die Gesellschaft ist bei der Rückzahlung von Beiträgen berechtigt, ihre Forderungen gegen die Forderungen des ausgeschiedenen Gesellschafters aufzurechnen sowie einen angemessenen Betrag für noch zu erwartende Schäden und Aufwendungen einzubehalten. Beiträge, die die Gesellschaft für Verwendungen auf das gemeinsame Gebäude samt den Nebenanlagen (an Handwerker oder andere am Bau Beteiligte) bereits wieder ausgegeben hat, sind nicht zu erstatten. Sie sind allerdings bei dem Entgelt für den Miteigentumsanteil an dem Grundstück (der entstehenden Eigentumswohnung oder Gewerbeeinheit) zu berücksichtigen, wenn die gesellschaftsrechtliche Treubindung dessen Übertragung gebietet. Der bereits erfolgten Zahlung an Handwerker und sonstige am Bau Beteiligte stehen auf dem Bankkonto der Gesellschaft noch vorhandene Beiträge gleich, für die Handwerker und sonstige am Bau Beteiligte bereits ihre Werk- oder sonstige Leistung erbracht haben. Zur Zahlung der Beiträge für Baukosten – auch solche, die erst nach dem Ausschluss anfallen – bleibt der Ausgeschlossene verpflichtet, bis ein neuer Eigentümer an seiner Stelle im Grundbuch als Eigentümer eingetragen ist.

**5. Baukosten**
Die Gesellschafter tragen die Bau- und sonstigen Kosten für die Ausführung des Vorhabens entsprechend ihren künftigen Miteigentumsanteilen, und zwar:
- *Struth Winkelried* zu 67/1000
- *Berta von Bruneck* zu 155/1000
- *Hedwig und Wilhelm (sen.) Tell* zu 78/1000
- *Armgard Kuoni und Walter Tell* zu 144/1000
- *Elsbeth und Werner Rösselmann* zu 111/1000
- *Gertrud und Werner Stauffacher* zu 111/1000
- *Hermann Gessler* zu 111/1000
- *Werner Attinghausen* zu 111/1000
- *Johannes Parricidia* zu 112/1000.

Des weiteren vereinbaren die Gesellschafter wegen der unterschiedlichen Lage der Wohnungen und der unterschiedlichen Größe von Flächen, die bei der Berechnung der Miteigentumsanteile nicht berücksichtigt worden sind, Ausgleichszahlungen. Diese beziffern sich wie folgt:

Zahlungen
*Hermann Gessler*                               4.000,– Euro
*Hedwig und Wilhelm (sen.) Tell*       2.500,– Euro

Ermäßigungen
*Werner Attinghausen*                     1.500,– Euro
*Gertrud und Werner Stauffacher*    1.000,– Euro
*Struth Winkelried*                               4.000,– Euro.

Diese Ausgleichszahlungen werden mit der Abrechnung des Rohbaus angefordert und gutgebracht.
Die Kosten aus der Planungsgemeinschaft werden jedoch nach dem Gesellschaftsvertrag zu dieser und dem dazu heute gefassten Erhöhungs- und Ermäßigungsbeschluss wegen unterschiedlicher Größe der Einheiten getragen.
Der Zahlungsverkehr für das gesamte Bauvorhaben wird über ein auf die Gesellschaft oder über ein auf einen Treuhänder lautendes Bankkonto, über das nur Einnahmen und Ausgaben der Gesellschaft abgewickelt werden dürfen, ausgeführt. Alle Gesellschafter haben entsprechend dem Baufortschritt auf dieses Gemeinschaftskonto Beiträge zu leisten. Die Gesellschaft wählt mit drei Vierteln der Stimmen den über das Konto Verfügungsberechtigten, der, wenn es die Bank fordert, die Stellung eines Treuhänders hat. Die Gesellschaft beschließt mit einfacher Mehrheit über die Höhe und die Fälligkeit der von den einzelnen Gesellschaftern zu erbringenden Zahlungen.
Alle Gesellschafter sind verpflichtet, eine Ermächtigung für den Einzug der fälligen Zahlungen von ihrem privaten Bankkonto zu erteilen, sobald der Bevollmächtigte bzw. Treuhänder

das Gemeinschaftskonto eingerichtet hat. Die Gesellschafter haben auch bei Abwesenheit dafür Sorge zu tragen, dass ihre Zahlungen termingerecht auf dem Gemeinschaftskonto eingehen.

Gesellschafter, deren Beiträge bis zum Fälligkeitstermin nicht oder nicht in voller Höhe auf dem Gemeinschaftskonto eingegangen sind, haben ab dem auf den Fälligkeitstermin folgenden Tag Verzugszinsen in Höhe von 1% pro Monat aus dem rückständigen Betrag zu zahlen.

Der Kaufpreis für den Erwerb des Baugrundstücks, die Grunderwerbsteuer und alle mit dem Grunderwerb in Zusammenhang stehenden Kosten bezahlt jeder Käufer an die verkaufende Stadt, das Finanzamt oder sonstige Stelle unmittelbar. Die Gesellschaft kann jedoch beschließen, dass diese Kosten über das Gemeinschaftskonto bezahlt werden.

Für die spätere Verwaltung des fertiggestellten Bauwerks gelten die Regelungen des Wohnungseigentumsgesetzes und des nach diesem abzuschließenden Teilungsvertrags.

## 6. Entscheidungen der Gesellschaft

Entscheidungen der Gesellschaft werden durch Beschluss der Gesellschafter in einer Versammlung getroffen. Einer Versammlung bedarf es nicht, wenn alle Gesellschafter dem Beschlussantrag schriftlich zustimmen. Beschlüsse sind in einem Protokoll niederzulegen, das von mindestens drei Gesellschaftern zu unterschreiben ist.

Die Termine für die Gesellschafterversammlungen werden durch Beschluss der Gesellschafter festgelegt. Darüber hinaus kann die Geschäftsführung nach freiem Ermessen die Gesellschafterversammlung einberufen. Auf Verlangen von Gesellschaftern, die zusammen mindestens zwei Wohn- oder Gewerbeeinheiten erwerben, hat die Geschäftsführung zur Gesellschafterversammlung einzuladen, wenn die Gesellschafter den Entscheidungs- oder Informationsgegenstand der Versammlung angeben.

Die Gesellschafter sind verpflichtet, an den Gesellschafterversammlungen teilzunehmen. Jeder Gesellschaftsanteil gewährt eine Stimme. Steht ein Gesellschaftsanteil mehreren gemeinschaftlich zu, so kann die dazu gehörende Stimme nur einheitlich abgegeben werden. Eine Vertretung bei der Stimmabgabe ist durch schriftliche Vollmacht möglich.

Soweit der Gesellschaftsvertrag keine andere Mehrheit vorsieht, werden Beschlüsse mit einfacher Mehrheit gefasst. Eine Gesellschafterversammlung ist beschlussfähig, wenn mindestens die Hälfte der Stimmen anwesend oder vertreten sind. Sind weniger als die Hälfte der Stimmen anwesend oder vertreten, so ist eine neue Gesellschafterversammlung mit gleicher Tagesordnung durch die Geschäftsführung einzuberufen, die unabhängig von der Anzahl der anwesenden oder vertretenen Stimmen beschlussfähig ist.

Einberufungen der Gesellschafterversammlung erfolgen schriftlich oder mündlich, nach dem pflichtgemäßen Ermessen der Geschäftsführung, bei Mitteilung der Tagesordnung und, sofern kein Fall von Dringlichkeit vorliegt, unter Einhaltung einer Einladungsfrist von mindestens sieben Tagen seit Absendung der Einladung bzw. mündlicher Mitteilung und Zusammentritt der Versammlung. Die Versammlungen finden in Tübingen statt. Mit Zustimmung aller Gesellschafter kann auf diese Förmlichkeiten verzichtet werden.

Soweit dieser Gesellschaftsvertrag für die Entscheidungen der Gesellschaft keine Bestimmungen enthält, gelten die Vorschriften des Wohnungseigentumsgesetzes für die Eigentümerversammlung.

## 7. Geschäftsführung
Die Gesellschafter wählen zwei Gesellschafter zu Geschäftsführern. Die Geschäftsführung hat die in diesem Gesellschaftsvertrag bereits festgelegten und weiter folgende Aufgaben:
- die Umsetzung der Beschlüsse der Gesellschaft
- die Vertretung der Gesellschafter nach außen, insbesondere gegenüber dem Generalübernehmer, dem Architekten, den Ingenieuren und allen sonstigen am Bau Beteiligten, gegenüber Behörden (auch zur Unterzeichnung des Baugesuchs)
- die Finanzplanung
- die Erstellung eines Kassenberichts
- die Vorbereitung und Leitung der Gesellschafterversammlungen
- die Information der Gesellschafter über den Baufortschritt.

Die Geschäftsführer können einzelne ihrer Aufgaben auf andere Gesellschafter übertragen. Durch Beschluss der Gesellschafter können die Aufgaben der Geschäftsführung ganz oder teilweise auf Dritte übertragen werden. Das Rechnungswesen, insbesondere die Prüfung der Rechnungen der Handwerker und sonstigen am Bau Beteiligten, die Zahlung dieser Rechnungen, die Anforderung der Beiträge bei den einzelnen Gesellschaftern und alle mit diesem Inkasso zusammenhängenden Handlungen, die Führung des Bankkontos der Gesellschaft und die Erstellung des Kassenberichts sollen einem Dritten, der die Befähigung zum Steuerberater oder Wirtschaftsprüfer hat, übertragen werden.
Alle Gesellschafter sind verpflichtet, den Geschäftsführern eine Vollmacht zu erteilen.
Die Geschäftsführung ist befugt, eilbedürftige Entscheidungen zu treffen, die nicht ohne erhebliche Verzögerung des Baufortschritts oder nicht ohne unverhältnismäßige Mehrkosten bis zur nächsten Gesellschafterversammlung aufgeschoben werden können. Über solche Eilentscheidungen ist auf der nächsten Gesellschafterversammlung zu berichten.
Die Geschäftsführer werden für jeweils sechs Monate gewählt. Einer der beiden Gründungsgeschäftsführer wird jedoch für neun Monate gewählt.
Vor Ablauf der Amtszeit kann einem Geschäftsführer mit einer Mehrheit von drei Vierteln aller Stimmen die Geschäftsführung entzogen werden.
Ein Geschäftsführer ist auch vor Ablauf seiner Amtszeit berechtigt, die Geschäftsführung niederzulegen. Die Niederlegung darf nicht zur Unzeit erfolgen. Die Niederlegung erfolgt schriftlich in Verbindung mit einer Einladung zu einer Gesellschafterversammlung, in der ein neuer Geschäftsführer zu wählen ist. Bis zum Zusammentritt dieser Gesellschafterversammlung ist das Geschäftsführeramt kommissarisch weiterzuführen.
Die Haftung der Gesellschafter-Geschäftsführer beschränkt sich gegenüber den übrigen Gesellschaftern auf Vorsatz und grobe Fahrlässigkeit.

## 8. Ende der Gesellschaft wegen Erreichen des Gesellschaftszwecks
Die Gesellschaft beschließt die Beendigung der Gesellschaft mit mindestens drei Vierteln aller Stimmen, wenn alle Bauarbeiten beendet sind, alle Ansprüche aus den für den Bau abgeschlossenen Verträgen erfüllt oder anderweit erledigt sind, eine Schlussabrechnung vorliegt, alle Verpflichtungen im Innenverhältnis der Gesellschaft erfüllt sind und die Verwaltung der Wohnungseigentümergemeinschaft geregelt ist.

## 9. Schlussbestimmungen
Soweit dieser Vertrag keine Regelung enthält, gelten die Bestimmungen der §§ 705 ff. des Bürgerlichen Gesetzbuchs.

Sollte eine Bestimmung dieses Vertrages unwirksam oder undurchführbar sein, so berührt dies die Gültigkeit der übrigen Bestimmungen nicht. Die Gesellschafter sind in diesem Fall verpflichtet, die unwirksame oder undurchführbare Bestimmung durch eine solche Regelung zu ersetzen, die den Zweck der unwirksamen oder undurchführbaren Bestimmung soweit wie möglich erreicht.

Tübingen, den                              (Unterschriften aller Gesellschafter)


Tübingen, den                              (Unterschriften der später beitretenden Gesellschafter)

# C. Der Vertrag zur Begründung von Wohnungs- und Teileigentum

Urkunden-Rolle Nr. 212/2006
Notariat Tübingen-Altdorf

Geschehen am 28.02.2006
– achtundzwanzigsten Februar zweitausendundsechs –

Vor mir, dem

Notar *Friedrich Schiller* beim Notariat Tübingen-Altdorf

erscheinen heute in der Notariatskanzlei im Rathaus in Tübingen-Altdorf:

1) *Werner Attinghausen*, Schlossvogt i.R., geb. 19.12.1934, Domstraße 14, 72108 Rottenburg
2) *Berta von Bruneck geb. Schäfer*, Fotografin, geb. 04.06.1942, Obere Rinderweide 3, 72072 Tübingen
3) *Hermann Gessler*, Erster Landesbeamter, geb. 09.06.1950, Kapellenstraße 56, 72108 Rottenburg-Wurmlingen
4) *Armgard Kuoni*, Directrice, geb. 03.04.1964, und *Walter Tell*, Journalist, geb. 12.10.1968, Eheleute, beide wohnhaft Neckarstraße 11, 72070 Tübingen
5) *Johannes Parricidia*, Schauspieler, geb. 12.06.1949, Eberhardstraße 6, 72072 Tübingen
6) *Elsbeth Rösselmann geb. Probst*, Lehrerin i.R., geb. 01.03.1942, und *Werner Rösselmann*, Pfarrer i.R., geb. 16.11.1936, Eheleute, beide wohnhaft Pauline-Krone-Weg 11, 72073 Tübingen
7) *Gertrud Stauffacher geb. Rösselmann*, Lehrerin und Mutter, geb. 14.09.1970, und *Werner Stauffacher*, Altenpfleger, geb. 31.12.1971, Eheleute, beide wohnhaft Hohle Gasse 19, 72138 Kirchentellinsfurt
8) *Hedwig Tell geb. Fürst*, Hausfrau, geb. 22.03.1937, und *Wilhelm (sen.) Tell*, geb. 02.11.1935, Uhrmachermeister i.R., Eheleute, beide wohnhaft Armbruststraße 26, 72074 Tübingen
9) *Struth Winkelried*, Berufsfeuerwehrmann, geb. 24.08.1969, Florianstraße 3, 72072 Tübingen-Weilheim.

Alle Erschienenen weisen sich durch ihre gültigen Personalausweise der Bundesrepublik Deutschland aus.

Die Erschienenen erklären mit der Bitte um Beurkundung:

Wir schließen folgenden

*Vertrag zur Begründung von Wohnungs- und Teileigentum*

**I. Vorbemerkung**

(1) Wir werden Eigentümer des Grundstücks Grundbuch von Tübingen Grundbuch Nr. 18112

Gemarkung Tübingen
Flurstück 7853/6, Küssnachtstraße 14
Gebäude- und Freifläche      882 qm

Dieses Grundstück wurde durch Kaufvertrag vom 23. Februar 2006, beurkundet durch den amtierenden Notar in der Urkunde Urkundenrolle Nr. 189/2006, von der Stadt Tübingen gekauft. Die Auflassung und folglich auch die Eigentumsänderung im Grundbuch sind noch nicht erfolgt. Voraussetzung für die Auflassung ist noch die vollständige Bezahlung des Kaufpreises nebst Parzellanschlüssen und Leistungen für die Stadtwerke Tübingen. Diese Bezahlung wird umgehend und fristgerecht erfolgen. Voraussetzung für die Eigentumsänderung im Grundbuch ist neben der Auflassung noch die Erteilung der Unbedenklichkeitsbescheinigung nach dem Grunderwerbsteuer-Gesetz (Aufhebung der Grundbuchsperre). Auch die Grunderwerbsteuer wird umgehend und fristgerecht bezahlt werden, so dass das Finanzamt sodann die Unbedenklichkeitsbescheinigung erteilen wird.

(2) Obwohl die Begründung von Wohnungs- und Teileigentum erst nach der Auflassung und nach dem Vorliegen der Unbedenklichkeitsbescheinigung nach dem Grunderwerbsteuer-Gesetz im Grundbuch vollzogen werden kann, wünschen wir zur Beschleunigung die sofortige notarielle Beurkundung dieses Vertrages.

(3) Das Grundstück wird bei der Eintragung der Wohnungs- und Teileigentumsrechte in das Grundbuch wie folgt belastet sein:
- Vermerk betreffend Entwicklungsbereich
- Grunddienstbarkeit betreffend Nutzung gemeinschaftlicher Innenhof
- Reallast betreffend Unterhaltung gemeinschaftlicher Innenhof
- Dienstbarkeit für die Stadtwerke Tübingen GmbH betreffend Verbot eigener Wärmeversorgungsanlagen
- Reallast für die Stadtwerke Tübingen GmbH betreffend Pflicht zur Abnahme von Wärme und Warmwasser
- Reallast betreffend Unterhaltungspflicht eines Traufstreifens
- Grunddienstbarkeiten für die Nachbargrundstücke betreffend Wärme- und Schallschutzüberbau
- Vormerkung der Stadt betreffend Wiederkaufsrecht.

(4) Auf dem Grundstück errichten wir, die künftigen Eigentümer, ein Gebäude mit sieben Wohnungen und zwei Gewerbeeinheiten. Die Errichtung erfolgt nach dem Bauplan des Architekten Friedrich Tausendwasser aus Tübingen vom 15.12.2005, der mit dem Aufteilungsplan – siehe Ziff. (5) – identisch ist.

(5) Die Wohnungs- und Teileigentumsrechte sind in sich abgeschlossen im Sinne des Wohnungseigentumsgesetzes. Die Einräumung des Sondereigentums erfolgt im Einzelnen nach dem Aufteilungsplan vom 15.12.2005, zu dem das Baurechtsamt der Stadt Tübingen am 21. Februar 2006 eine Abgeschlossenheitsbescheinigung nach dem Wohnungseigentumsgesetz erteilt hat. Der Aufteilungsplan und die Abgeschlossenheitsbe-

scheinigung sind als Anlage dieser Niederschrift beigefügt und sind wesentlicher Bestandteil derselben.


## II. Teilung in Wohnungs- und Teileigentum

Die (künftigen) Eigentümer räumen sich unter gleichzeitiger Beschränkung ihres Miteigentums Sondereigentum in der Weise ein, dass den einzelnen Miteigentümern jeweils Sondereigentum an einer Wohnung (Wohnungseigentum) oder gewerblich oder freiberuflich genutzten Raumeinheit (Teileigentum) zugewiesen wird. Die Zuweisung erfolgt wie folgt:
- *Struth Winkelried* Miteigentum von 67/1000 verbunden mit dem Sondereigentum an den Räumen im Aufteilungsplan Nr. 1 (Gewerbeeinheit [Büro und Laden] im Erdgeschoss links und ein Abstellraum im Untergeschoss)
- *Berta von Bruneck* Miteigentum von 155/1000 verbunden mit dem Sondereigentum an den Räumen im Aufteilungsplan Nr. 2 (Gewerbeeinheit [Atelier mit Laden] im Erdgeschoss rechts und zwei Abstellräumen im Untergeschoss)
- *Hedwig und Wilhelm (sen.) Tell*, untereinander berechtigt je zur Hälfte, Miteigentum von 78/1000 verbunden mit dem Sondereigentum an der Wohnung Aufteilungsplan Nr. 3 im ersten Obergeschoss links einschließlich einem Abstellraum im Untergeschoss
- *Armgard Kuoni und Walter Tell*, untereinander berechtigt je zur Hälfte, Miteigentum von 144/1000 verbunden mit dem Sondereigentum an der Wohnung Aufteilungsplan Nr. 4 im ersten Obergeschoss rechts einschließlich einem Abstellraum im Untergeschoss
- *Elsbeth und Werner Rösselmann*, untereinander berechtigt je zur Hälfte, Miteigentum von 111/1000 verbunden mit dem Sondereigentum an der Wohnung Aufteilungsplan Nr. 5 im zweiten Obergeschoss links einschließlich einem Abstellraum im Untergeschoss
- *Gertrud und Werner Stauffacher*, untereinander berechtigt je zur Hälfte, Miteigentum von 111/1000 verbunden mit dem Sondereigentum an der Wohnung Aufteilungsplan Nr. 6 im zweiten Obergeschoss rechts einschließlich einem Abstellraum im Untergeschoss
- *Hermann Gessler* Miteigentum von 111/1000 verbunden mit dem Sondereigentum an der Wohnung Aufteilungsplan Nr. 7 im dritten Obergeschoss links einschließlich einem Abstellraum im Untergeschoss
- *Werner Attinghausen* Miteigentum von 111/1000 verbunden mit dem Sondereigentum an der Wohnung Aufteilungsplan Nr. 8 im dritten Obergeschoss rechts einschließlich einem Abstellraum im Untergeschoss
- *Johannes Parricidia* Miteigentum von 112/1000 verbunden mit dem Sondereigentum an der Wohnung Aufteilungsplan Nr. 9 im vierten Obergeschoss (Penthouse).


## III. Rechtsverhältnisse

### § 1 Begriffsbestimmungen.
(1) Wohnungseigentum ist das Sondereigentum an einer Wohnung in Verbindung mit dem Miteigentumsanteil an dem gemeinschaftlichen Eigentum, zu dem es gehört.

(2) Teileigentum ist das Sondereigentum an nicht zu Wohnzwecken dienenden Räumen des Gebäudes in Verbindung mit dem Miteigentumsanteil an dem gemeinschaftlichen Eigentum, zu dem es gehört.

(3) Gemeinschaftliches Eigentum sind das Grundstück sowie die Teile, Anlagen und Einrichtungen des Gebäudes, die nicht im Sondereigentum oder im Eigentum eines Dritten stehen.

(4) Soweit in dieser Urkunde von „Wohnungseigentümer" gesprochen wird, ist die Bestimmung in der Regel auch für die „Teileigentümer" maßgebend; Gleiches gilt für die Begriffe „Wohnungseigentum" und „Teileigentum".

## § 2 Allgemeine Rechte der Wohnungseigentümer (§ 13 Wohnungseigentumsgesetz).

(1) Jeder Wohnungseigentümer kann, soweit nicht das Gesetz oder Rechte Dritter entgegenstehen, mit den im Sondereigentum stehenden Gebäudeteilen nach Belieben verfahren, insbesondere diese bewohnen, vermieten, verpachten oder in sonstiger Weise nutzen, und andere von Einwirkungen ausschließen.

(2) Jeder Wohnungseigentümer ist zum Mitgebrauch des gemeinschaftlichen Eigentums (insbesondere Hauseingänge, Treppenhaus, Kinderspielbereiche bei den Hauseingängen und im Garten, Sitzplätze im Garten und an der Straße, Fahrradraum, Versammlungsraum, Waschküche, Werkstatt, Aufzug, gemeinschaftliche Dachterrasse) berechtigt. Das Nähere zum Mitgebrauch des gemeinschaftlichen Eigentums kann die Hausordnung regeln; die berechtigten Interessen aller sind in gerechter Weise bei der Aufstellung der Hausordnung zu berücksichtigen.

## § 3 Allgemeine Pflichten der Wohnungseigentümer (in Anlehnung an § 14 Wohnungseigentumsgesetz).

(1) Jeder Wohnungseigentümer ist verpflichtet:
- die im Sondereigentum stehenden Gebäudeteile so instand zu halten und von diesen sowie von dem gemeinschaftlichen Eigentum nur in solcher Weise Gebrauch zu machen, dass dadurch keinem der anderen Wohnungseigentümer über das bei einem geordneten Zusammenleben unvermeidliche Maß hinaus ein Nachteil erwächst;
- für die Einhaltung der im ersten Punkt bezeichneten Pflichten durch Personen zu sorgen, die seinem Hausstand oder Geschäftsbetrieb angehören oder denen er sonst die Benutzung der in Sonder- oder Miteigentum stehenden Grundstücks- oder Gebäudeteile überlässt;
- Einwirkungen auf die im Sondereigentum stehenden Gebäudeteile und das gemeinschaftliche Eigentum zu dulden, soweit sie auf einem nach dem ersten oder zweiten Punkt zulässigen Gebrauch beruhen;
- das Betreten und die Benutzung der im Sondereigentum stehenden Gebäudeteile zu gestatten, soweit dies zur Instandhaltung und Instandsetzung des gemeinschaftlichen Eigentums erforderlich ist; der hierdurch entstehende Schaden ist zu ersetzen.

(2) Jeder Wohnungseigentümer ist insbesondere verpflichtet, alle Maßnahmen zu dulden, die zur Einrichtung einer Fernsprech-, Rundfunkempfangs-, Fernsehempfangs- oder Energieversorgungsanlage für einen anderen Wohnungseigentümer erforderlich sind. Ein dabei an seinem Sondereigentum entstehender Schaden ist von demjenigen zu ersetzen, auf dessen Veranlassung eine derartige Maßnahme erfolgt.

**§ 4 Gegenstand des Sondereigentums (in Anlehnung an § 5 Wohnungseigentumsgesetz).**
(1) Gegenstand des Sondereigentums sind die zur Wohnung gehörenden Räume sowie die zu diesen Räumen gehörenden Bestandteile des Gebäudes, die verändert, beseitigt oder eingefügt werden können, ohne dass dadurch das gemeinschaftliche Eigentum oder ein auf Sondereigentum beruhendes Recht eines anderen Wohnungseigentümers über das nach § 14 Wohnungseigentumsgesetz (oben in diesem Vertrag § 3) zulässige Maß hinaus beeinträchtigt oder die äußere Gestaltung des Gebäudes oder der gesamten Anlage verändert wird.
(2) Teile des Gebäudes, die für dessen Bestand oder dessen Sicherheit erforderlich sind, sowie Anlagen und Einrichtungen, die dem gemeinschaftlichen Gebrauch der Wohnungseigentümer dienen, sind nicht Gegenstand des Sondereigentums, selbst wenn sie sich im Bereich der im Sondereigentum stehenden Räume befinden.
(3) Hiernach gehören insbesondere zum Sondereigentum:
- der Fußbodenbelag und der Deckenputz der im Sondereigentum stehenden Räume;
- die nicht tragenden Zwischenwände, soweit sie nicht ein Sondereigentum von einem anderen oder von dem gemeinschaftlichen Eigentum trennen;
- der Wandputz und die Wandverkleidung sämtlicher zum Sondereigentum gehörenden Räume, auch soweit die Putz tragenden oder die Verkleidung tragenden Wände nicht zum Sondereigentum gehören;
- die Innentüren der im Sondereigentum stehenden Räume;
- die Leitungen für Wasser, Strom, Gemeinschaftsantennen oder Breitbandkabel, Klingelanlagen und Ähnliches sowie für Entwässerung je von den Hauptsträngen an;
- die Zählereinrichtungen für Wasser und elektrischen Strom, soweit sie nicht im Eigentum des Versorgungswerks stehen und soweit sie auch nicht dem Gebrauch aller Wohnungseigentümer dienen;
- die Wasch- und Spülbecken, Abwaschvorrichtungen, Ausgüsse, Badewannen, Toiletten;
- die Vor- und Rücklaufleitungen und die Heizkörper der Zentralheizung von der Anschlussstelle an die gemeinschaftliche Steig- beziehungsweise Falleitung;
- der Fußbodenbelag, soweit vorhanden einschließlich Mörtelbett, von Balkonen, Loggien, Veranden und Terrassen; bei Terrassen jedoch nur soweit sie im Sondereigentum stehen.

**§ 5 Art der Nutzung.**
(1) Wohnungen und die dazugehörigen Nebenräume dürfen nur zu Wohnzwecken benutzt werden. Die Nutzung zu beruflichen oder gewerblichen Zwecken bedarf der vorherigen Zustimmung der Eigentümergemeinschaft.
(2) Die Zustimmung kann nur verweigert werden, wenn mit der Ausübung des Berufs oder Gewerbes erfahrungsgemäß eine über § 3 dieses Vertrages (§ 14 Wohnungseigentumsgesetz) hinausgehende Belästigung oder Beeinträchtigung der übrigen Wohnungseigentümer oder eine erhöhte Abnutzung der im gemeinschaftlichen Eigentum stehenden Gebäudeteile verbunden ist. Die Zustimmung kann widerrufen werden, wenn sich die für die Zustimmung maßgeblichen Voraussetzungen geändert haben.
(3) In den Teileigentumseinheiten ist jede gewerbliche oder berufliche Nutzung, die nach öf-

fentlichem Recht in der Einheit zulässig ist, gestattet, vorausgesetzt allerdings, dass das Gewerbe oder die sonstige Nutzung schonend ausgeübt wird und wohnverträglich ist.
(4) Zur Wahrung der einheitlichen Gestaltung des Grundstücks und der gesamten Wohnanlage dürfen Vorrichtungen, die der Werbung oder sonstigen gewerblichen oder beruflichen Zwecken dienen, einschließlich von Aufschriften und dergleichen, nur mit Zustimmung der Eigentümergemeinschaft am Gebäude und auf dem Grundstück angebracht oder aufgestellt werden. Dasselbe gilt auch für Außenantennen und Anlagen für den Satellitenempfang.
(5) Erteilt die Eigentümergemeinschaft eine nach den vorstehenden Bestimmungen beantragte Einwilligung nicht oder nur unter Auflagen oder widerruft sie eine widerruflich erteilte Einwilligung, so entscheidet auf Antrag die nächste Eigentümerversammlung.
(6) Die im gemeinschaftlichen Eigentum stehende Fläche im Dachgeschoss darf nur zur Vornahme von Instandsetzungsarbeiten am gemeinschaftlichen Eigentum genutzt und betreten werden.
(7) Die Benutzung des Sonder- und des gemeinschaftlichen Eigentums wird im Einzelnen durch die von der Eigentümerversammlung zu beschließende Hausordnung geregelt, soweit in dieser Urkunde nichts anderes bestimmt ist.

§ 6 Instandhaltung des Sondereigentums.
(1) Jeder Wohnungseigentümer hat die seinem Sondereigentum unterliegenden Gebäudeteile und Einrichtungen auf seine Kosten ordnungsgemäß instand zu halten, instand zu setzen und erforderlichenfalls zu erneuern sowie für ordnungsgemäße Reinigung, Lüftung und Heizung zu sorgen. Die Behebung von Schäden jeglicher Art – und erforderlichenfalls auch die Erneuerung – an Fenstern, Türen, Jalousien, Rollläden, Abschlusstüren und dergleichen im räumlichen Bereich des Sondereigentums, einschließlich der Innenseite der Wohnungsabschlusstüren, obliegt, auch wenn diese Einrichtungen zum gemeinschaftlichen Eigentum gehören, ohne Rücksicht auf die Ursache des Schadens, allein dem betreffenden Wohnungseigentümer. Jegliche Veränderung von Farbe oder Material an der Außenseite bedarf jedoch eines Beschlusses der Eigentümer.
(2) Jeder Eigentümer trägt auch die gesamten auf sein Sondereigentum entfallenden Bewirtschaftungskosten einschließlich der Betriebskosten.
(3) Jeder Eigentümer hat ferner diejenigen Grundstücks- und Gebäudeteile, zu deren Nutzung er allein berechtigt ist, allein und auf seine Kosten instand zu halten und instand zu setzen. Absatz (1) letzter Satz gilt entsprechend.
(4) Das Anbringen von Markisen ist im Interesse der einheitlichen Gestaltung nur mit Zustimmung der Eigentümergemeinschaft zulässig.
(5) Der Verwalter ist berechtigt, jeden Wohnungseigentümer zur pflichtgemäßen Instandhaltung anzuhalten. Er ist auch berechtigt, nach vorheriger Anmeldung den Zustand der Wohnung auf etwa notwendig werdende Instandhaltungs- und Instandsetzungsarbeiten zu überprüfen oder überprüfen zu lassen; das gleiche Untersuchungsrecht hat er für das gemeinschaftliche Eigentum, das sich im Bereich des Sondereigentums befindet. Aus wichtigem Grund ist die Überprüfung jederzeit zulässig. Jeder Wohnungseigentümer muss den Zugriff zu einer gemeinschaftlichen Einrichtung (zum Beispiel Abwasserschacht, Schornsteinzug) innerhalb seines Sondereigentums durch den Verwalter, dessen Beauftragte (auch Schornsteinfeger) oder einen anderen Wohnungseigentümer dulden.

§ 7 **Instandhaltung des gemeinschaftlichen Eigentums.**
(1) Jeder Eigentümer hat die im gemeinschaftlichen Eigentum stehenden Teile des Grundstücks und Gebäudes schonend und pfleglich zu behandeln.
(2) Schäden am gemeinschaftlichen Eigentum hat jeder Wohnungseigentümer unverzüglich dem Verwalter anzuzeigen. Jeder Wohnungseigentümer hat – soweit es ihm möglich ist – bis zur Abhilfe durch den Verwalter durch vorläufige Maßnahmen für die Abwendung unmittelbarer Gefahren zu sorgen.
(3) Der Verwalter hat die Durchführung baulicher Maßnahmen den Wohnungseigentümern, deren Sondereigentum davon betroffen wird, mit angemessener Frist anzukündigen. Einer Ankündigung bedarf es nicht, soweit Maßnahmen zur Abwendung drohender Gefahren für Bewohner, für das gemeinschaftliche Eigentum oder für das Sondereigentum eines anderen Wohnungseigentümers erforderlich sind.
(4) Soweit zur Durchführung von Instandhaltungs- und Instandsetzungsmaßnahmen Wohnungseigentum betreten oder benutzt werden muss, hat dies der betreffende Wohnungseigentümer zu dulden. Verhindert oder verzögert er solche Maßnahmen schuldhaft, so hat er die hieraus entstehenden Mehrkosten zu tragen und auch alle weiteren Schäden aus der Verhinderung oder Verzögerung zu ersetzen. Ein am Wohnungseigentum entstehender Schaden ist im Umfang des vorher bestehenden Zustandes zu beheben oder zu ersetzen. Darüber hinausgehende Beeinträchtigungen werden nicht ersetzt.

§ 8 **Bauliche Veränderungen.**
(1) Bauliche Veränderungen des gemeinschaftlichen Eigentums, die über die ordnungsmäßige Instandsetzung hinausgehen, bedürfen der Zustimmung der Wohnungseigentümer. Der Beschluss bedarf einer Mehrheit von drei Vierteln aller Stimmen.
(2) Ein Wohnungseigentümer, der einer Maßnahme nach Absatz 1 nicht zugestimmt hat, muss gleichwohl deren Durchführung dulden. Er ist entgegen § 16 Absatz 3 Wohnungseigentumsgesetz zur gemeinschaftlichen Lasten- und Kostentragung verpflichtet, es sei denn, er hat gegen den Beschluss im gerichtlichen Verfahren nach § 43 Wohnungseigentumsgesetz eine andere rechtskräftige Entscheidung erwirkt. Besteht eine Lasten- und Kostentragungspflicht für einen Wohnungseigentümer, so ist er auch anteilig an etwaigen Nutzungen aus der Maßnahme beteiligt.

§ 9 **Sorgfaltspflicht der Wohnungseigentümer.**
(1) Jeder Wohnungseigentümer haftet den übrigen Wohnungseigentümern für Schäden, die durch schuldhafte Verletzung der ihm obliegenden Sorgfalts- und Instandhaltungspflichten an deren Sondereigentum oder am gemeinschaftlichen Eigentum entstehen. Dies gilt auch für Schäden, die durch seine Angehörigen, Hausgehilfen, Mieter oder durch sonstige Personen schuldhaft verursacht werden, wenn diese die in seinem Sondereigentum stehenden Räume aufsuchen oder sich darin aufhalten. Spricht der erste Anschein dafür, dass ein dem Wohnungseigentümer zurechenbares Verschulden vorliegt, so obliegt ihm der Nachweis, dass ein schuldhaftes Verhalten nicht vorgelegen hat.
(2) Schäden am gemeinschaftlichen Eigentum, für die ein Wohnungseigentümer nach Absatz 1 einzustehen hat, beseitigt der Verwalter auf Kosten des Einstehungspflichtigen.

§ 10 **Versicherungspflicht.**
(1) Für das gemeinschaftliche Eigentum als Ganzes sind folgende Versicherungen abzuschließen
- eine Elementarschadenversicherung;
- eine Versicherung gegen die Inanspruchnahme aus der gesetzlichen Haftpflicht als Grundstückseigentümer; bei Vorhandensein eines Heizöltanks oder dergleichen auch eine Gewässerschaden-Haftpflichtversicherung;
- eine Leitungswasserschaden-Versicherung unter Einschluss von Frostschäden, und zwar sämtliche in angemessener Höhe.

(2) Die Eigentümerversammlung kann den Abschluss weiterer Versicherungen beschließen.
(3) Die Auswahl der Versicherungsgesellschaft obliegt der Eigentümerversammlung.

§ 11 **Nutzungsanteile, Bewirtschaftungs- und Verwaltungskosten, Wirtschaftsplan.**
(1) Die Beteiligung an den Nutzungen, Lasten und Kosten des gemeinschaftlichen Eigentums bestimmt sich nach den Miteigentumsanteilen, soweit nachstehend nichts Anderweitiges festgelegt ist. Durch Beschluss der Eigentümer, der der Zustimmung aller bedarf, kann für die Aufteilung ein anderer Schlüssel festgelegt werden.
(2) Sämtliche Wohnungseigentümer haben zur Instandhaltung und Instandsetzung sowie zur Lasten- und Kostentragung des gemeinschaftlichen Eigentums monatlich einen durch Mehrheitsbeschluss festzusetzenden Betrag, der dem jeweiligen Miteigentumsanteil entspricht, auf ein Sonderkonto des Verwalters einzuzahlen. Der Beitrag für Instandsetzung und Instandhaltung muss gewährleisten, dass auch die im Laufe der Zeit zu erwartenden größeren Aufwendungen gedeckt sind.
(3) Für die Kosten der Heizung, des Warmwassers und des Kaltwassers sind von der Eigentümerversammlung festzusetzende jährliche, vierteljährliche oder monatliche Vorschusszahlungen auf die voraussichtlich anfallenden Gesamtkosten eines jeden Eigentümers auf das Sonderkonto des Verwalters zu leisten. Jährlich erfolgt für diese Kosten eine endgültige Abrechnung, und zwar nach dem jeweiligen Verbrauch, soweit dies gesetzlich zulässig ist. Wassermesser, Wärmemengenzähler und dergleichen sind einzubauen.
(4) Die Kosten des Breitbandanschlusses und die Verwaltervergütung werden nach der Anzahl der Wohnungs- und Teileigentumsrechte getragen.
(5) Der Verwalter hat vor Beginn eines jeden Kalenderjahres einen Wirtschaftsplan aufzustellen und auf das Ende eines jeden Kalenderjahres abzurechnen.
(6) Monatlich zu entrichtende Beträge sind jeweils auf den Monatsersten, einmalige Zahlungen innerhalb von sieben Tagen nach Anforderung durch den Verwalter zahlungsfällig. Für rückständige Beträge werden Verzugszinsen berechnet, und zwar in der Höhe, die die örtliche Kreissparkasse bei unberechtigter Überziehung eines Girokontos von Privatkunden verlangt. Der Verwalter darf Rückstände gerichtlich und außergerichtlich beitreiben.
(7) Geldbeträge, die nicht zur sofortigen Verwendung benötigt werden, hat der Verwalter bei einer Bank mit Sitz im Inland zinsgünstig anzulegen.
(8) Gegenüber den zu zahlenden Beträgen kann weder aufgerechnet noch ein Zurückbehaltungsrecht geltend gemacht werden.
(9) Sonderrechtsnachfolger haften für rückständige Hausgeldzahlungen und sonstige die Gemeinschaft berührende Verbindlichkeiten mit dem Rechtsvorgänger als Gesamt-

schuldner. Sind mehrere an einem Wohnungs- oder Teileigentum berechtigt, so haften sie ebenfalls als Gesamtschuldner.
(10) Benützt ein Eigentümer sein Sondereigentum oder die gemeinschaftlichen Einrichtungen nicht, so kann er daraus keinen Anspruch auf Befreiung von den Lasten und Kosten herleiten.
(11) Die Eigentümerversammlung kann ein vom Kalenderjahr abweichendes Wirtschaftsjahr beschließen.

## § 13 Wiederherstellungspflicht.
(1) Die Eigentümer sind bei ganzer oder teilweiser Zerstörung des Gebäudes untereinander zum Wiederaufbau verpflichtet, wenn die Kosten des Wiederaufbaus durch eine Versicherung oder durch eine Entschädigungszahlung eines Dritten voll gedeckt sind.
(2) Von den Eigentümern ist über den Wiederaufbau des Gebäudes zu beschließen, wenn
- das Gebäude zu weniger als der Hälfte seines Werts zerstört ist und die Wiederaufbaukosten weder durch eine Versicherung noch durch eine beitreibbare Entschädigungsforderung gegen einen Dritten gedeckt sind oder
- das Gebäude zwar zu mehr als der Hälfte seines Werts zerstört ist, aber die Wiederaufbaukosten durch Versicherungsleistung oder beitreibbare Entschädigungsforderung gegen einen Dritten derart gedeckt sind, dass der Restwert des Gebäudes zuzüglich der Versicherungsforderung oder zuzüglich der Entschädigungsforderung mindestens zwei Drittel des Werts des Gebäudes vor seiner Zerstörung erreicht.
(3) Besteht eine Pflicht zur Wiederherstellung nicht, so ist jeder Wohnungseigentümer berechtigt, die Aufhebung der Gemeinschaft zu verlangen.

## § 14 Entziehung des Wohnungseigentums.
(1) Gemäß § 18 Wohnungseigentumsgesetz können die anderen Wohnungseigentümer von einem einzelnen Wohnungseigentümer die Veräußerung seines Wohnungseigentums verlangen, wenn sich dieser einer so schweren Verletzung der ihm gegenüber den anderen obliegenden Verpflichtungen schuldig gemacht hat, dass diesen die Fortsetzung der Gemeinschaft mit ihm nicht mehr zugemutet werden kann.
(2) Die Voraussetzungen für die Entziehung des Wohnungseigentums liegen auch vor, wenn ein Wohnungseigentümer mit der Erfüllung seiner Pflicht zur Lasten- und Kostentragung länger als sechs Monate und mit mindestens dem sechsfachen des monatlichen Hausgeldes in Verzug ist.
(3) Steht das Wohnungseigentum mehreren Personen gemeinschaftlich zu, so kann die Entziehung des Eigentums zu Ungunsten sämtlicher Mitberechtigter verlangt werden, wenn auch nur in der Person eines Mitberechtigten die Voraussetzungen gegeben sind.

## § 15 Veräußerung des Wohnungseigentums.
(1) Eine Veräußerungsbeschränkung der Gestalt, dass zur Veräußerung die Zustimmung anderer Wohnungseigentümer oder eines Dritten, wie des Verwalters, erforderlich ist, besteht nicht. Die Wohnungseigentümer haben jedoch jede Veräußerung, Vermietung und Verpachtung dem Verwalter unverzüglich anzuzeigen.
(2) Bei der Veräußerung eines Wohnungseigentums geht der dem Veräußerer gehörende Anteil an der Instandsetzungsrückstellung und dem sonstigen Verwaltungsvermögen auf den Erwerber über. Eine Zwischenabrechnung kann von dem Verwalter nicht verlangt werden.

### § 16 Verwalter.

(1) Die Rechte und Pflichten des Verwalters ergeben sich, soweit in diesem Teilungsvertrag und im Verwaltervertrag nicht etwas anderes bestimmt ist, aus den §§ 20 bis 29 Wohnungseigentumsgesetz.

(2) Dem Verwalter können durch Beschluss der Wohnungseigentümer weitere Aufgaben und Befugnisse zugewiesen und wieder entzogen werden.

(3) Soweit gesetzlich zulässig, können dem Verwalter die Aufgaben, die ihm durch diesen Teilungsvertrag zugewiesen sind, durch die Wohnungseigentümer mit drei Vierteln aller Stimmen entzogen werden.

(4) Über die Bestellung und Abberufung des Verwalters beschließen die Wohnungseigentümer. Die Bestellung soll auf mindestens zwei Jahre erfolgen.

(5) Die Wohnungseigentümer haben dem jeweiligen Verwalter auf dessen Verlangen eine schriftliche Verwaltervollmacht zu erteilen. Bei Beendigung des Amtes hat der Verwalter die Vollmacht zurückzugeben.

(6) Bei ganzer oder teilweiser Veräußerung seines Wohnungseigentums hat jeder Wohnungseigentümer den Erwerber zum Eintritt in den laufenden Verwaltervertrag zu verpflichten.

(7) Zur Unterstützung des Verwalters können die Wohnungseigentümer die Bestellung eines Verwaltungsbeirats beschließen.

### § 17 Eigentümerversammlung.

(1) Angelegenheiten, über die nach dem Wohnungseigentumsgesetz oder diesem Teilungsvertrag die Wohnungseigentümer zu entscheiden haben, werden durch Beschlussfassung in einer Eigentümerversammlung geordnet. Auch ohne Versammlung ist ein Beschluss gültig, wenn alle Wohnungseigentümer ihre Zustimmung schriftlich erklären.

(2) Jedes Tausendstel Miteigentumsanteil gewährt eine Stimme. Steht ein Wohnungseigentum mehreren Eigentümern gemeinschaftlich zu, so kann das Stimmrecht nur einheitlich ausgeübt werden.

(3) Der Verwalter hat mindestens einmal im Jahr die Eigentümerversammlung einzuberufen. Darüber hinaus hat er die Versammlung einzuberufen, wenn dies der Verwaltungsbeirat oder mehr als ein Viertel der Wohnungseigentümer unter Angabe des Zwecks und der Gründe für die Versammlung verlangt.

(4) Für die Ordnungsmäßigkeit der Einberufung genügt, dass die Einladung mit Tagesordnung an die letzte dem Verwalter mitgeteilte Anschrift des Eigentümers, unter Einhaltung einer Einladungsfrist von mindestens einer Woche, abgesandt wird. Bei besonderer Dringlichkeit kann die Einladungsfrist abgekürzt werden.

(5) Die Eigentümerversammlung ist beschlussfähig, wenn mehr als die Hälfte der Stimmen anwesend oder vertreten sind. Ist die Versammlung demgemäß nicht beschlussfähig, so findet die Folgeversammlung am selben Tag und Ort, jedoch eine Stunde später, statt. Diese Folgeversammlung ist unabhängig von der Anzahl der anwesenden oder vertretenen Stimmen beschlussfähig.

(6) Eine rechtsgeschäftliche Vertretung in der Eigentümerversammlung bedarf der Vorlage einer schriftlichen Vollmacht.

### § 18 Mehrere Berechtigte.

Steht ein Wohnungseigentum mehreren Personen zu, so haben diese auf Verlangen des Verwalters schriftlich einen Bevollmächtigten zu bestellen.

IV. Vollzugserklärungen

(1) Die Miteigentümer sind sich über die Einräumung des Sondereigentums mit dem vereinbarten Inhalt einig.
(2) Die Eigentümer bewilligen und beantragen, die Einräumung des Sondereigentums nach Ziff. II und die Bestimmungen der Ziff. III als Inhalt des Sondereigentums in das Grundbuch einzutragen.
(3) Die bestehenden Belastungen sind in die einzelnen Wohnungsgrundbücher mitzuübertragen.

V. Schlussbestimmungen

(1) Sollte eine Bestimmung dieses Vertrages unwirksam sein, so berührt dies die Gültigkeit der übrigen Bestimmungen nicht. Die Vertragschließenden sind in diesem Fall verpflichtet, die unwirksame Bestimmung durch eine solche Regelung zu ersetzen, die den Zweck der unwirksamen Bestimmung soweit wie möglich erreicht.
(2) Sollte sich herausstellen, dass eine mit dinglicher Wirkung beabsichtigte Bestimmung nicht Gegenstand oder Inhalt des Sondereigentums sein kann, so gilt sie schuldrechtlich weiter, und jeder Wohnungseigentümer ist verpflichtet, diese Bestimmung seinem Rechtsnachfolger im Wohnungseigentum aufzuerlegen mit gleicher Weitergabeverpflichtung.

VI. Vollzugsvollmacht

Die Beteiligten erteilen hiermit für sich und ihre Rechtsnachfolger Frau Helene Weigel und Frau Therese Giehse, beide Notariatsangestellte beim Notariat Tübingen-Altdorf, je einzeln, die Vollmacht zur Vornahme sämtlicher Rechtshandlungen, einschließlich Abgabe aller Erklärungen, die zum Vollzug dieser Urkunde im weitesten Sinne erforderlich oder zweckdienlich sind, insbesondere zur Abgabe beliebiger Erklärungen gegenüber dem Grundbuchamt. Die Bevollmächtigten sind von den Beschränkungen des § 181 BGB befreit; sie können deshalb insbesondere gleichzeitig für mehrere Vollmachtgeber handeln, auch wenn deren Interessen entgegengesetzt sind. Die Vollmachten sind übertragbar. Die Vollmachten sind widerruflich und erlöschen vier Wochen nach Vollzug der in dieser Urkunde gestellten Anträge zum Grundbuch. Die Vollmachten ermächtigen nur zur Abgabe von Erklärungen, die von dem amtierenden Notar oder seinem Vertreter im Amt beurkundet oder beglaubigt werden.

Der anliegende Aufteilungsplan lag den Erschienenen bei der Beurkundung zur Durchsicht vor. Die Niederschrift wurde in Gegenwart des Notars vorgelesen. Die Niederschrift einschließlich der Anlage wurde von den Erschienenen genehmigt und wie folgt eigenhändig unterschrieben:

# D. Der Bauplatz-Kaufvertrag

UNIVERSITÄTSSTADT TÜBINGEN                                    K 10 000

GRUNDSTÜCKSKAUFVERTRAG

zwischen

der Universitätsstadt Tübingen – Verkäuferin, auch Stadt –

und der

*Bauherrengemeinschaft „Lorettostraße 11",*
die einzelnen Käufer sind in der als Anlage A zu dieser Urkunde genommenen Käuferliste[1] eingetragen. Die einzelnen Käufer kaufen einzelne Miteigentumsanteile nach Tausendstel (die Bauherrengemeinschaft erwirbt nicht als Gesellschaft, soweit sich nicht bezüglich einzelner Miteigentumsanteile aus der Käuferliste etwas anderes ergibt)
– auch der/die Käufer –

## I. Vorbemerkung

Die Stadt ist Eigentümerin des neugebildeten Grundstücks nach dem Veränderungsnachweis 2005/74, Grundbuch Nr. 16 337 Bestandsverzeichnis Nr. 20

    Flurstück 4444/4
    Bauplatz     413 qm

Das Grundstück liegt im Geltungsbereich des Bebauungsplans „Französisches Viertel/Lorettostraße".

## II. Kaufvertrag

1. Die Stadt verkauft das neugebildete, in der Vorbemerkung beschriebene Flurstück an die Käufer.
2. Zubehör ist nicht mitverkauft.
3. Der Kaufgegenstand liegt in dem förmlich festgelegten städtebaulichen Entwicklungsbereich „Französisches Viertel".

---

[1] Die Baugemeinschaft erstellt eine Käuferliste. Aufgenommen werden alle Familiennamen, Vornamen, Geburtsnamen, Geburtstage, Anschriften und die zugewiesenen Miteigentumsanteile (Tausendstel). Als Gesellschafter bürgerlichen Rechts erwerben z.B. alle oder einzelne Teilnehmer der Baugemeinschaft einen Anteil, für den der endgültige Bauherr noch zu finden ist.

III. Weitere Bestimmungen

1. Kaufpreis
a) Der Kaufpreis beträgt 187.094,– Euro
i.W.: einhundertsiebenunddachtzigtausendundvierundneunzig Euro.
Zum Kaufpreis kommt ein nach lit. c) verauslagter Betrag von 793,43 Euro.
Vom Kaufpreis abgezogen werden kann die Optionsgebühr von 1.371,– Euro.
b) Der Kaufpreis und der verauslagte Betrag abzüglich der Optionsgebühr,
insgesamt **186.516,43 Euro**,
ist vom Käufer auf das Treuhandkonto der Stadt Tübingen, Kontoinhaber KE/LEG Stuttgart, bei der LBBW Stuttgart, Nr. 136 4037, BLZ 600 50101, innerhalb von 30 Tagen nach der notariellen Beurkundung dieses Kaufvertrags zu zahlen. Dabei ist der genannte Betrag rechtzeitig vor Ablauf der Zahlungsfrist gesondert anzusammeln und als Gesamtsumme zu überweisen. Spätestens dreißig Tage nach der notariellen Beurkundung muss die Konto-Gutschrift erfolgen. Bloße Wertstellung zu diesem Tag genügt nicht. Bei Überschreiten des Zahlungsziels hat der Käufer Zinsen in Höhe von 10 v.H. p.a. zu zahlen.
c) Mit dem Kaufpreis sind die Aufwendungen für die Erschließung und Entwässerung abgegolten. Nicht abgegolten mit dem Kaufpreis sind die Kosten der Hausanschlussleitungen für Kanal, Wasser und Strom (sogenannte Parzellenanschlüsse) sowie Baukostenzuschüsse für Wasser, Strom und Fernwärme entsprechend den allgemeinen Anschluss- und Versorgungsbedingungen der Stadtwerke Tübingen GmbH; soweit diese Kosten und Baukostenzuschüsse bei der Verkäuferin bereits angefordert sind, hat sie der Käufer zu zahlen; soweit sie die Verkäuferin bereits bezahlt hat, hat sie der Käufer der Verkäuferin (neben dem Kaufpreis) zu erstatten. Die Verkäuferin stellt diese Kosten nach billigem Ermessen (§ 315 BGB) fest. Für den Zahlungsweg und die Verzinsung der Erstattung nach Erteilung einer Rechnung gelten die Bestimmungen zum Kaufpreis nach lit. a) entsprechend. Zum Stand 05.03.2006 hat die Stadt an solchen Parzellanschlüssen und Baukostenzuschüssen 793,43 Euro vorgestreckt.
d) Für die Geltendmachung von Zinsen und die Vornahme aller sonstigen mit dem Inkasso zusammenhängenden Handlungen ist für die Verkäuferin die KE Kommunanentwicklung LEG Baden-Württemberg GmbH, Olgastraße 86, 70180 Stuttgart, bevollmächtigt.
e) Für eine Mehrzahl von Käufern gilt:
(1) Die einzelnen Käufer schulden den Kaufpreis nach lit. a) entsprechend ihren gekauften Miteigentumsanteilen.
(2) Für die Erstattungsbeträge nach lit. c) besteht Gesamtschuldnerschaft.
(3) Die Stadt verkauft aber ein Grundstück und keine einzelnen Miteigentumsanteile. Die Stadt ist deshalb berechtigt, keinerlei Auflassung zu erklären und die Übergabe zu verweigern, bevor nicht der gesamte Kaufpreis und alle nach lit. c) den Käufern bekanntgegebenen Erstattungsbeträge – jeweils einschließlich eventueller Zinsen – vollständig bezahlt sind. Die Stadt ist ferner bei Zahlungsverzug auch nur eines Käufers zum Rücktritt von diesem Vertrag berechtigt, wenn die Nachfrist mindestens einen Monat betragen hat und die Nachfrist mit der Androhung, den Vertrag rückgängig zu machen, allen Käufern an ihre in diesem Vertrag angegebene Anschrift mitgeteilt worden ist.

## 2. Übergabe, Sachmängel

a) Der Kaufgegenstand wird übergeben nach der vollständigen Bezahlung des Kaufpreises zuzüglich aller Zinsen und aller sonstigen Zahlungsbeträge, ebenfalls einschließlich eventueller Zinsen, nach Ziff. 1. Die Lasten, die Gefahr der Verschlechterung und des Untergangs sowie die Verkehrssicherungspflicht, insbesondere die Räum- und Streupflicht, gehen mit der notariellen Beurkundung auf den Käufer über.

b) Die Stadt haftet nicht für Sachmängel. Sie steht jedoch dafür ein, dass der Kaufgegenstand nach dem Bauplanungsrecht grundsätzlich bebaubar ist oder binnen angemessener Zeit bebaubar wird. Die Stadt sichert keinerlei Eigenschaften zu. Die Verkäuferin haftet also insbesondere nicht für die Bodenbeschaffenheit. Die Stadt weist darauf hin, dass es im Rahmen von Altlastensanierungen bereichsweise zu Aushub und anschließend zu kontrolliert verdichteten Wiederverfüllungen kam und dass festgestellt wurde, dass es sich bei dem Gebiet *Französisches Viertel* um insgesamt inhomogenen Baugrund handelt, d.h. dass die Böden „stark setzungsempfindlich" sind und einen nur bedingt zur Lastentragung geeigneten Gründungshorizont bieten; da zudem mit einem „raschen, lateralen" (seitlichen) „Wechsel" in den Bodenverhältnissen zu rechnen ist, wurde zu einer einheitlichen Gründung auf die unterlagernden halbfesten Keupermergel geraten.

c) Von dem Haftungsausschluss ausgenommen sind Ansprüche auf Schadensersatz aus der Verletzung des Lebens, des Körpers und der Gesundheit, wenn die Verkäuferin die Pflichtverletzung zu vertreten hat, und Ansprüche auf Ersatz sonstiger Schäden, die auf einer vorsätzlichen oder grob fahrlässigen Pflichtverletzung der Verkäuferin beruhen. Einer Pflichtverletzung der Verkäuferin steht die ihrer gesetzlichen Vertreter und ihrer Erfüllungsgehilfen gleich.

d) Der Käufer hat den Kaufgegenstand besichtigt. Er weiß, dass der Kaufgegenstand in einem ehemals militärisch genutzten Kasernenareal liegt.

e) Das Kasernenareal, in dem der Kaufgegenstand liegt, wurde auf Altlasten erkundet. Wenn bei der beabsichtigten Baumaßnahme Altlasten festgestellt werden, die aus der früheren militärischen Nutzung herrühren, trägt die Stadt die erforderlichen Kosten der Beseitigung, wenn von den zuständigen Behörden Auflagen zur Beseitigung ergehen und wenn dies der Käufer innerhalb von drei Jahren ab der notariellen Beurkundung dieses Vertrages gegenüber der Verkäuferin schriftlich geltend macht. Sobald dem Käufer Tatsachen bekannt werden sollten, die einen Verdacht auf verbliebene Altlasten begründen, hat er sich unverzüglich mit dem Tiefbauamt der Verkäuferin in Verbindung zu setzen.

f) Sollten auf dem Kaufgegenstand wider Erwarten Munition oder Sprengstoff gefunden werden, so übernimmt die Stadt die vom Kampfmittelbeseitigungsdienst beim Regierungspräsidium Stuttgart in Rechnung gestellten Kosten der Beseitigung, wenn entgegen der bisherigen Praxis der Bund oder das Land diese nicht trägt und die Beseitigung innerhalb von drei Jahren ab der Beurkundung dieses Vertrages erfolgt. Die Stadt übernimmt auch die Kosten einer angemessenen Untersuchung auf Kampfmittel, wenn sich bei der Untersuchung ergibt, dass Munition oder Sprengstoff vorhanden ist, und auch diese Kosten der Bund nicht trägt.

## 3. Lasten, im Grundbuch verlautbarte Eigentumsbeschränkungen

a) In Abteilung II des Grundbuchs bestehen oder kommen zum Entstehen folgende Einträge, die übernommen werden:

(1) Vermerk betreffend Entwicklungsbereich;
(2) Die Eintragungen nach dieser Urkunde einschließlich solcher, die in dieser Urkunde angesprochen sind.
b) In Abteilung III des Grundbuchs (Hypotheken, Grundschulden) bestehen keine Einträge.

## 4. Grundsteuer

Die Grundsteuer übernimmt der Käufer ab dem ersten Tag des auf die notarielle Vertragsbeurkundung folgenden Jahres.

## 5. Kosten, Grunderwerbsteuer

Die Kosten dieses Vertrages und seines Vollzugs trägt der Käufer. Der Käufer trägt insbesondere die Kosten der notariellen Beurkundung dieses Vertrages, die Kosten der Auflassung, die Kosten beim Grundbuchamt und alle Kosten beim Stadtvermessungsamt Tübingen, die die Bildung des Kaufgegenstandes als Flurstück betreffen. Der Käufer trägt auch die Grunderwerbsteuer.

## 6. Bau- und Nutzungsverpflichtung

a) Der Käufer verpflichtet sich, auf dem Kaufgegenstand ein mehrgeschossiges Gebäude zu errichten, das Wohn- und gewerblichen Zwecken oder Wohn- und freiberuflichen Zwecken dient.
b) Das gesamte Erdgeschoss ist nur für eine gewerbliche oder freiberufliche Nutzung zulässig sowie für Erschließungs- und Gemeinschaftsflächen. Das Erdgeschoss ist mit einer lichten Höhe von mindestens 2,75 m auszuführen. Im Untergeschoss ist keine Wohnnutzung zugelassen.
c) Bei der Baumaßnahme sind die weiteren Vorschriften zu beachten:
(1) Die Festsetzungen des rechtsverbindlichen Bebauungsplans sind maßgebend. Solange kein rechtsverbindlicher Bebauungsplan besteht, ist das Baugesuch einvernehmlich mit der Verkäuferin abzustimmen. Dies gilt auch für die Außenanlage. Die Verkäuferin ist berechtigt, nach billigem Ermessen für die Außenanlage eine besondere Bauverpflichtung oder ein besonderes Pflanzgebot auszusprechen.
(2) In den Entwürfen zu den Bebauungsplänen für das *Französische Viertel* sind für einige Baugrundstücke Lärmpegelbereiche festgelegt. Soweit sich das Bauvorhaben der Käufer innerhalb dieser Bereiche befindet, sind entsprechende Schallschutzmaßnahmen vorzusehen. Das Lärmgutachten ist beim Stadtsanierungsamt einzusehen.
(3) Das Gebäude ist so auszuführen, dass die angrenzenden Nachbarn ein Untergeschoss bis maximal 3,10 m Geschosshöhe (einschließlich Bodenplatte und Fundament) ab Straßenhöhe (Block-Eck-Höhe) ausführen können, ohne dass diese irgendwelche Sicherungsmaßnahmen für das Gebäude des Käufers vornehmen müssen.
(4) Mit der Baumaßnahme muss spätestens am 02.05.2006 begonnen sein. Die Baumaßnahme muss zügig abgewickelt werden und spätestens am 15.07.2007 abgeschlossen sein. Spätestens am 31.07.2007 muss der Käufer dem Stadtsanierungsamt der Verkäuferin schriftlich erklärt haben, dass die Baumaßnahme abgeschlossen ist.

d) Eventuelle Grundwassermessstellen dürfen nicht verunreinigt, beschädigt oder verschüttet werden. Falls sich im Bereich des Baufensters eine Grundwassermessstelle befindet, hat sich der Käufer mit dem Tiefbauamt der Stadt in Verbindung zu setzen, damit die Stadt diese vor Baubeginn ordnungsgemäß verfüllen kann.
e) Soweit der Käufer die von ihm zu errichtenden Wohneinheiten verkauft, wird er dafür erforderliche Werbemaßnahmen in erster Linie in Tübingen durchführen.

### 7. Baulasten

a) Der Käufer übernimmt die bestehenden Baulasten, insbesondere eine Baulast betreffend Spielplatz im Innenhof (vgl. als Anlage C beigefügte Baulastübernahmeerklärung). Darüber hinaus können sich Baulasten im Zusammenhang mit der Baugenehmigung und dieser Urkunde ergeben.
b) Des weiteren hat der Käufer Baulasten zu Gunsten der Nachbargrundstücke zu übernehmen, soweit dies bei Berücksichtigung der Ziele der städtebaulichen Entwicklungsmaßnahme und bei Abwägung der Interessen der Nachbarn und des Käufers dem Käufer zumutbar ist. Insbesondere ist diese Zumutbarkeit gegeben, wenn das Bauvorhaben auf dem Nachbargrundstück dem Bauplanungsrecht entspricht, die Baulast nur bauordnungsrechtlich erforderlich ist und den Käufer nicht oder nur unwesentlich beeinträchtigt. Ob eine solche Baulast zu übernehmen ist, entscheidet die Stadt nach billigem Ermessen. Die Übernahme einer solchen Baulast erfolgt unentgeltlich. Die Eigentümer der Nachbargrundstücke erwerben aus dieser Bestimmung selbst kein Recht. Die Stadt ist vom Käufer unwiderruflich bevollmächtigt, solche Baulasten gegenüber der Baurechtsbehörde zu erklären; vor dem Gebrauch dieser Vollmacht hat die Stadt den Käufer anzuhören.

### 8. Vermietung von Wohnungen

a) Bei der Vermietung von Wohnraum in dem auf dem Kaufgegenstand zu errichtenden Gebäude darf der Käufer innerhalb der ersten zehn Jahre nach Bezugsfähigkeit der betreffenden Wohnung höchstens einen Mietzins von 8,50 Euro je qm Wohnfläche als Kaltmiete verlangen.
b) Neben dieser Kaltmiete darf der Käufer allenfalls die nach der Betriebskostenverordnung in ihrer jeweiligen Fassung umlegbaren Nebenkosten verlangen. Dies sind derzeit:
i) die laufenden öffentlichen Lasten des Grundstücks, insbesondere Grundsteuer
ii) die Kosten der Wasserversorgung
iii) die Kosten der Entwässerung
iv) die Kosten der Heizung und Warmwasserversorgung
v) die Kosten des Betriebs von Aufzugsanlagen
vi) die Kosten der Straßenreinigung und Müllbeseitigung
vii) die Kosten der Gebäudereinigung und Ungezieferbekämpfung
viii) die Kosten der Gartenpflege
ix) die Kosten der Beleuchtung
x) die Kosten der Schornsteinreinigung
xi) die Kosten der Sach- und Haftpflichtversicherung
xii) die Kosten für den Hauswart
xiii) die Kosten des Betriebs von Gemeinschaftsantennenanlage und Kabelanschluss (Breitbandkabelnetz)

xiv) die Kosten des Betriebs der Einrichtungen für die Wäschepflege
xv) sonstige Betriebskosten
xvi) Umlageausfallwagnis gemäß § 25a Neubaumietenverordnung für die Betriebskosten einschließlich Sammelheizung und Warmwasserversorgung.
c) Die Schönheitsreparaturen dürfen im Mietvertrag dem Mieter auferlegt werden.
d) Für die Berechnung der Wohnfläche ist die Zweite Berechnungsverordnung in ihrer jeweils gültigen Fassung maßgebend.
e) Der Käufer darf keine Untervermietung zulassen, so dass der Nutzer eine höhere Kaltmiete als 8,50 Euro zu zahlen hätte.
f) Der jeweilige Mieter kann sich auf die Bestimmungen in dieser Vereinbarung berufen unbeschadet des Rechts der Stadt, die Bestimmungen in dieser Vereinbarung im Einvernehmen mit dem Käufer zu ändern oder aufzuheben.
g) Erhöht sich künftig der vom Statistischen Bundesamt amtlich festgestellte Verbraucherpreisindex für Deutschland gegenüber dem Stand des Monats, in dem dieser Vertrag notariell beurkundet wird, so erhöht sich die zulässige Kaltmiete (Ausgangsbetrag 8,50 Euro) in demselben prozentualen Verhältnis, also im Umfange der vollen prozentualen Erhöhung.
h) Gesetzliche Bestimmungen, die den Mieter günstiger stellen, bleiben unberührt.
i) Der Käufer hat den Mieter über diese Bestimmung in Kenntnis zu setzen. Die Stadt darf den Mieter über seine Rechte unterrichten, ihm insbesondere eine Abschrift dieser Bestimmung aushändigen.

## 9. Wiederkaufsrecht

a) Die Stadt behält sich an dem Kaufgegenstand und an Teilen davon das Wiederkaufsrecht gemäß §§ 456 ff. BGB – auch zugunsten Dritter – vor, falls der Käufer die Bauverpflichtung oder eine aus Ziff. 6 sich ergebende Verpflichtung nicht oder nicht rechtzeitig erfüllt oder seine Pflichten bezüglich der nach diesem Vertrag nach Ziff. 8 zulässigen Höchstmiete verletzt oder den Kaufgegenstand oder Teile davon innerhalb von zehn Jahren nach der notariellen Beurkundung dieses Vertrages weiterveräußert oder mit einem Erbbaurecht belastet (Ziff. 17).
b) Das Wiederkaufsrecht kann für jeden anstehenden Verkaufsfall und bei jeder Erbbaurechtsbestellung neu und nur binnen drei Monaten nach Beantragung der Zustimmung ausgeübt werden.
c) Der Käufer verpflichtet sich, bei einem Weiterverkauf oder bei der Bestellung eines Erbbaurechts innerhalb von zehn Jahren der Stadt unverzüglich den Verkauf oder die Erbbaurechtsbestellung anzuzeigen. Der Käufer verpflichtet sich zur Rückübertragung, sobald die Stadt das Wiederkaufsrecht geltend gemacht hat.
d) Das Wiederkaufsrecht ist ausgeschlossen, wenn der Verkauf oder die Erbbaurechtsbestellung an den Ehegatten/eingetragenen Lebenspartner oder an eine Person erfolgt, die mit dem Verkäufer oder Besteller in gerader Linie verwandt oder verschwägert oder in der Seitenlinie bis zum dritten Grad verwandt ist. Das Wiederkaufsrecht ist ferner ausgeschlossen beim ersten Verkauf innerhalb von drei Jahren ab der notariellen Beurkundung dieses Vertrages, wenn der Kaufpreis die nachgewiesenen Herstellungskosten einschließlich der Kosten für den Grunderwerb, einschließlich der Nebenkosten, nicht überschreitet. Zu den Herstellungskosten zählen in angemessenem Umfang auch Eigenleistungen.

e) Als Kaufpreis ist der von einem Sachverständigen, der von der Industrie- und Handelskammer Reutlingen benannt werden soll, ermittelte Wert zur Zeit der Ausübung des Wiederkaufsrechts für den wiederzukaufenden Gegenstand maßgebend.
f) Bei der Ausübung des Wiederkaufsrechts in den Fällen der Nichterfüllung oder verspäteten Erfüllung von Baupflichten nach Ziff. 6 oder der Verletzung von Pflichten zur Höchstmiete nach Ziff. 8 ist der Kaufgegenstand für die Verkäuferin (Wiederkäuferin) kosten- und lastenfrei zurückzuübertragen. Neben sämtlichen Kosten hat der Käufer in diesen Fällen auch die der Verkäuferin durch den Wiederkauf entstehende Grunderwerbsteuer zu ersetzen.
g) Zur dinglichen Sicherstellung wird bestimmt:
   (1) Zur Sicherung des Anspruchs der Stadt auf Rückübertragung des Kaufgegenstandes wird die Eintragung einer Eigentumsvormerkung im Grundbuch bewilligt.
   (2) Die Antragstellung erfolgt bei der Auflassung des Kaufgegenstandes.
   (3) Die für die Kaufpreis- und Baufinanzierung notwendigen Grundpfandrechte erhalten Rang vor der Vormerkung der Stadt. Eventuelle Kosten eines Rangrücktritts trägt der Käufer.

## 10. Wärmeversorgung

a) Der Käufer verpflichtet sich für sich und seine Rechtsnachfolger, den Kaufgegenstand an die Wärmeversorgungsanlage für Raumheizung und Gebrauchswarmwasserzubereitung der Stadtwerke Tübingen GmbH anzuschließen.
b) Der Käufer verpflichtet sich außerdem für sich und seine Rechtsnachfolger, ausschließlich die Leistung dieser Versorgungseinrichtung für das auf dem Kaufgegenstand zu errichtende Gebäude und jede darin ausgebaute Einheit in Anspruch zu nehmen und keine eigenen Versorgungsanlagen gleicher Art in dem Gebäude und in den einzelnen ausgebauten Einheiten einzurichten, die für die Nutzung der angebotenen Leistung in dem Gebäude und in den ausgebauten Einheiten notwendigen Einrichtungen herzustellen und die der Leistungsabgabe zu Grunde zu legenden allgemeinen Lieferungs- und Wartungsverträge mit den Stadtwerken Tübingen GmbH abzuschließen – dazu zählen in erster Linie die allgemeinen Anschluss- und Versorgungsbedingungen für die Wärmeversorgung.
c) Zur Sicherung dieser Ansprüche der Stadtwerke Tübingen GmbH wird erstrangig – und für den Fall, dass im Grundbuch bereits beschränkte dingliche Rechte eingetragen oder zur Eintragung beantragt sind, unmittelbar nach diesen Rechten –, untereinander gleichrangig, zu Lasten des Vertragsgegenstandes in das Grundbuch bewilligt und bei der Auflassung beantragt
   (1) eine Dienstbarkeit mit folgendem Text:
       „Beschränkte persönliche Dienstbarkeit für die Stadtwerke Tübingen GmbH, Sitz Tübingen, betreffend Verbot, eigene Wärmeversorgungsanlagen für Raumheizung und Gebrauchswarmwasserzubereitung einzurichten und zu betreiben. Ausgenommen hiervon sind:
       – offene Kamine (keine Kamin- oder Kachelöfen),
       – Warmwasserspeicher bis 5 Liter, die eine lange Zirkulation vermeiden, und
       – individuelle Anlagen zur Nutzung regenerativer Energiequellen im Sinne der Verordnung über „Allgemeine Bedingungen für die Versorgung mit Fernwärme"."
   (2) eine Reallast mit folgendem Text:

– „Reallast für die Stadtwerke Tübingen GmbH, Sitz Tübingen, betreffend Pflicht, die von den Stadtwerken für die Wärmeversorgung geschaffene Einrichtung zu benutzen und das auf dem Grundstück errichtete Gebäude sowie jede Wohnung, jede Gewerbeeinheit und jede freiberuflichen Zwecken dienende Einheit des Gebäudes an die Wärmeversorgung anzuschließen
– die von den Stadtwerken durch diese Einrichtung zur Verfügung gestellte Leistung aufgrund der dafür geltenden allgemeinen Versorgungs- und Anschlussbedingungen in Anspruch zu nehmen und entsprechende Anschluss- und Versorgungsverträge abzuschließen."

## 11. Traufstreifen

a) Entlang des zu errichtenden Gebäudes hat der Käufer auf dem städtischen Grund der Straßenfläche einen ca. 0,50 bis 0,70 m breiten Traufstreifen (multifunktionaler Streifen) nach den Vorgaben der Verkäuferin einzurichten und zu unterhalten. Die Stadt Tübingen hat insoweit das Leistungsbestimmungsrecht gemäß §§ 315 ff. BGB. In jedem Falle zulässig sind die in der Anlage D zu dieser Urkunde als Regelbeispiele dargestellten Ausführungsarten (Skizzen für die Anlegung des Traufstreifens).

b) Zur Sicherung des Anspruchs der Verkäuferin auf Unterhaltung des Traufstreifens wird unmittelbar im Rang nach den Rechten der Stadtwerke Tübingen GmbH zu Lasten des Vertragsgegenstandes eine Reallast für die Verkäuferin bewilligt und mit der Auflassung zur Eintragung in das Grundbuch beantragt.

## 12. Wärme- und Schallschutz bei Nachbarbebauung

a) Allgemeines zum Wärme- und Schallschutz

(1) Auch im Entwicklungsbereich, in dem geschlossene Bauweise verlangt wird, muss jeder Bauherr den für sein Gebäude erforderlichen Wärmeschutz grundsätzlich über der Fläche seines Grundstücks anbringen.

(2) Hinweis zur Bautechnik:
Soweit die Gebäude aneinander gebaut sind (d.h. die Außenwände der Gebäude aneinanderstoßen), muss an jedem Gebäude eine Wärme- und Schalldämmung von mindestens zwei Zentimeter angebracht werden. Soweit die Gebäude mit ihren Außenwänden nicht aneinander schließen (z.B. weil ein Gebäude höher ist als das andere oder ein Gebäude vor- oder zurückspringt), ist jedoch eine stärkere (= mehr als ca. 2 × 2 cm) Wärmedämmung erforderlich. Nach dem in der Energieeinsparverordnung vom Februar 2002 (EnEV 2/02) in Verbindung mit DIN 4108 und DIN 4707 vorgeschriebenen verstärkten Wärmeschutz ist, soweit der Nachbar nicht anbaut (weil das Nachbarhaus eine geringere Gebäudehöhe erhält oder das Nachbargebäude zurückspringt) eine Wärmedämmung von ca. zehn Zentimeter erforderlich; soll ein noch stärkerer Wärmeschutz erreicht werden, z.B. bei einem Passivhaus, so ist bei Höherbebauung und Gebäudevorsprüngen eine Wärmedämmung von ca. 25 bis 30 cm erforderlich.

(3) Ziff. (1) und (2) gelten entsprechend auch für Häuser, die zwar keine Passivhäuser, aber in der Wärmedämmung höherwertig sind als Gebäude, die nur der Mindestwärmedämmung nach der EnEV 2/02 entsprechen.

b) Nicht gleichzeitige Errichtung der Gebäude

(1) Soweit nach der derzeitigen Planung ein Nachbar sein Gebäude an das geplante Gebäu-

de des Käufers anreihen wird und die Errichtung des Nachbargebäudes später als die Errichtung des Gebäudes des Käufers erfolgt und damit nicht gesichert ist, ist der Käufer berechtigt, die nach der EnEV 2/02 erforderliche Wärmedämmung zur Hälfte auf dem Nachbargrundstück anzubringen (d.h. bei einer Dämmung mit 4 cm dürfen 2 cm über die Grenze gebaut werden).

(2) In gleichem Umfang ist der Käufer verpflichtet, eine von dem Nachbargrundstück herüberragende Dämmung zu dulden. Soweit die herüberragende Dämmung dem Käufer zum Vorteil gereicht, auch im Hinblick auf Schallschutz, hat er an den Nachbarn einen billigen Ausgleich in Geld zu leisten. Können sich der Käufer und der Nachbar über den Ausgleich nicht einigen, so setzt diesen, einschließlich der Kosten der Festsetzung, ein von der Architektenkammer Baden-Württemberg benannter Dritter nach billigem Ermessen fest. Bei der Festsetzung des Ausgleichs einschließlich seiner Höhe ist davon auszugehen, dass jeder der beiden Nachbarn an seinem Gebäude eine Wärmedämmung und eine Schalldämmung zur Ausfüllung des Zwischenraums zwischen den aneinanderstoßenden Wänden anbringen müsste. Auch soll dem Nachbarn nicht zum Nachteil werden, dass er sein Gebäude vor dem des Käufers errichtet hat.

c) Veränderte Ausführung der Gebäude

Der Käufer wird entsprechend der derzeit vorgesehenen Bebauung des Nachbargrundstücks auf seinem Grundstück eine Vollwärmedämmung (ca. 10 cm) anbringen. Soweit auf dem Nachbargrundstück der Anbau vorgesehen ist, wird er die Dämmung nach lit. b) anbringen. Wird in Bereichen, in denen nach Satz 2 die Dämmung angebracht wird, später doch nicht angebaut, so ist der Käufer berechtigt, die Dämmung, die zur Vollwärmedämmung erforderlich ist, nachträglich auf dem Nachbargrundstück als Überbau anzubringen. In gleichem Umfang hat er, wenn auf dem Nachbargrundstück früher gebaut wurde, einen Überbau vom Nachbargrundstück auf sein Grundstück zu dulden. Von einem Nichtanbau ist auch auszugehen, soweit fünf Jahre nach der notariellen Beurkundung dieses Vertrages ein Bauantrag des Nachbarn einen Anbau nicht vorsieht.

d) Unterschiedliche Höhe der Gebäude, Gebäudevorsprünge

(1) Sofern und soweit der Käufer ein höheres Gebäude errichtet als der Nachbar, darf der Käufer die zur Vollwärmedämmung erforderliche Dämmung (ca. 10 cm) über dem Nachbargebäude (d.h. über der Fläche des Nachbargrundstücks) anbringen, falls dies auf seinem eigenen Grundstück nur bei unverhältnismäßigen Aufwendungen möglich und bei gebotener Berücksichtigung der Interessen beider Parteien dem Nachbarn zumutbar ist. In der Regel darf deshalb der Käufer eine Dämmung von ca. 8 cm (10 cm abzüglich der stets auf dem eigenen Grundstück anzubringenden 2 cm) oberhalb des Nachbargebäudes anbringen.

(2) Ziff. (1) gilt entsprechend, sofern und soweit das Nachbargebäude gegenüber dem Gebäude des Käufers zurückweicht; d.h. soweit das Gebäude des Nachbarn zurückweicht, darf der Käufer an seinem Gebäude über der Fläche des Nachbargrundstücks in der Regel eine Dämmung von ca. 8 cm anbringen.

(3) Sofern und soweit der Käufer sein Gebäude niedriger ausführt als das Nachbargebäude oder das Gebäude des Käufers gegenüber dem Nachbargebäude zurückweicht, hat der Käufer Wämeschutzüberbauten des Nachbarn nach Ziff. (1) bzw. (2) zu dulden.

e) Besonderheiten für Passivhäuser
(1) Für den Fall, dass der Käufer oder der Nachbar ein Passivhaus errichtet und somit für die Wärmedämmung – soweit nicht angebaut wird – ca. 25 bis 30 cm erforderlich sind, beträgt die Stärke des zulässigen Überbaus i.S. von lit. c) und d) ca. 25 bis 30 cm abzüglich der 2 cm, die in jedem Fall über der eigenen Grundfläche anzubringen sind.
(2) Im Falle nicht gleichzeitiger Bebauung darf der Bauherr des Passivhauses in den Fällen lit. b) (nicht gleichzeitige Bebauung) den für das Passivhaus erforderlichen Wärmeschutzüberbau (ca. 25 bis 30 cm weniger ca. 2 cm [die immer über der eigenen Grundfläche anzubringen sind] = ca. 23 bis 28 cm) auf das Nachbargrundstück bringen. Soweit auf dem Nachbargrundstück später angebaut wird, hat jedoch der Eigentümer des Passivhauses diesen Überbau auf eigene Kosten zu entfernen (d.h. der Nachbar hat den Überbau insoweit nicht mehr zu dulden).
(3) Für Häuser, die zwar keine Passivhäuser sind, aber gleichwohl eine höherwertigere (stärkere) Wärmedämmung aufweisen als Gebäude, die nur dem Mindestwärmeschutz nach der EnEV 2/02 genügen, gelten die vorstehenden Ziff. (1) und (2) entsprechend.

f) Keine Überbaurente
Für einen Überbau nach dieser Bestimmung ist kein Entgelt zu zahlen.

g) Eintragungen im Grundbuch und im Baulastenverzeichnis
(1) Zur privatrechtlichen Sicherung der Überbauung auf dem Kaufgegenstand wird, im Rang unmittelbar nach der Reallast betreffend Traufstreifen, zu Gunsten der Flurstücke 4444/3 und 4444/5 die Eintragung von Grunddienstbarkeiten, untereinander gleichrangig, zu Lasten des Kaufgegenstandes bewilligt und bei der Auflassung beantragt betreffend Duldung des Überbaus.
(2) Zur öffentlich-rechtlichen Sicherung der Überbauungen ist der Käufer verpflichtet, auf den Kaufgegenstand Baulasten zu übernehmen. Der Käufer hat diese Verpflichtung seinen Rechtsnachfolgern aufzuerlegen mit der Maßgabe, dass auch diese ihre Rechtsnachfolger verpflichten.
(3) Zur privatrechtlichen Sicherung auf Überbauung der Nachbargrundstücke Flurstücke 4444/3 und 4444/5 mit dem Wärmeschutzüberbau entsprechend dieser Bestimmung beantragt die Verkäuferin die Eintragung von Grunddienstbarkeiten zu Lasten dieser Grundstücke und zu Gunsten des jeweiligen Eigentümers des hier gekauften Grundstücks Flurstück 4444/4 bei der Veräußerung dieser Nachbargrundstücke.

h) Kein Wärmeschutzüberbau in den öffentlichen Raum
Die nach dieser Ziffer zulässigen Wärmeschutzüberbauten beziehen sich nur auf die privaten Nachbargrundstücke. Wärmeschutzüberbauten in den öffentlichen Raum hinein sind nicht zulässig.

**13. Gemeinschaftlicher Innenhof**
a) Zum Grundbuch eingereichte Urkunde
(1) Das hier gekaufte Flurstück 4444/4 und die Flurstücke 4444/5 sowie 4444/9-/17 bilden einen Baublock zwischen der Französischen Straße, der Charles-de Gaulle-Allee, der Lorettostraße und dem Jean-Paul-Sartre-Platz. In der Mitte des Baublocks ist ein Innenhof entstanden, der zur Charles-de-Gaulle-Allee im Süden und an seiner Nord-Ost-

Ecke zum Jean-Paul-Sartre-Platz hin geöffnet ist. Der Innenhof dient als gemeinschaftlicher Aufenthaltsbereich und als gemeinschaftlicher Spielplatz sowie als Spielplatz für das Kinderhaus.
(2) Im Grundbuch ist der gemeinsame Innenhof durch Dienstbarkeiten und Reallasten gesichert. Zur Regelung der Rechtsverhältnisse an dem Innenhof ist die als Anlage B beigefügte Urkunde vom 15.09.2005 im Grundbuch vollzogen worden. Des weiteren ist bezüglich des Spielplatzes im Innenhof die Baulast vom 18.08.2005 eingegangen worden, welche als Anlage C beigefügt ist.
(3) Der Käufer übernimmt alle in der zum Grundbuch eingereichten Urkunde und in der Baulastübernahmeerklärung für ihn vorgesehenen Verpflichtungen und tritt in alle darin vorgesehenen Rechtsverhältnisse ein, auch soweit diese nur schuldrechtlicher Natur sind. Bei der notariellen Beurkundung des Vertrages ist diese Urkunde vorgelesen worden.

b) Herstellung des gemeinschaftlichen Innenhofs
(1) Die Käufer aller in dem Baublock gelegenen Grundstücke und die Stadt haben gemeinsam den gemeinschaftlichen Innenhof mit dem gemeinschaftlichen Kinderspielplatz hergestellt.
(2) Die Kosten wurden nach dem Schlüssel verteilt, der auch für die späteren Kosten der Erhaltung, der Verwaltung und der Benutzung gilt.
(3) Die Herstellung des Innenhofs ist bereits abgeschlossen. Der Käufer hat seinen Kostenanteil bereits entrichtet. Sollten noch weitere Kosten anfallen, so hat diese der Käufer ebenfalls nach dem vereinbarten Kostenschlüssel zu tragen. Es wird festgestellt, dass die Kosten der Herstellung des Innenhofs und der Kaufpreis nichts miteinander zu tun haben.

**14. Überbauungen im öffentlichen Raum**
Die Stadt Tübingen als Eigentümerin der angrenzenden öffentlichen Straßen- und Wegeflächen gestattet den Käufern zivilrechtlich im Hinblick auf § 912 BGB, den Luftraum über solchen Flächen mit Balkonen, Erkern und sonstigen auskragenden Gebäudeteilen zu überbauen. Das Erfordernis einer Baugenehmigung und der Einhaltung der bauplanungsrechtlichen und bauordnungsrechtlichen Vorschriften sowie die eventuelle Erfordernis einer straßenrechtlichen Sondernutzungserlaubnis bleiben unberührt.

**15. Bautätigkeit vor Eigentumsänderung**
Für den Fall, dass der Käufer mit den Bauarbeiten auf dem Vertragsgegenstand beginnt, bevor das Eigentum im Grundbuch umgeschrieben ist, besteht ein Bereicherungsanspruch gemäß §§ 951, 812 ff. BGB gegen die Verkäuferin allenfalls insoweit, als diese nach ihrem billigen Ermessen den Wert der Bauaufwendungen im Rahmen eines anderweitigen Verkaufs wiedererlangt.

**16. Vertragsstrafen**
a) Der Käufer verpflichtet sich, an die Verkäuferin eine Vertragsstrafe in Höhe von 20% des Kaufpreises nach Nr. 1 lit. a) zu zahlen, wenn er die in Ziff. 6 eingegangenen Verpflichtungen zur Bebauung überhaupt nicht oder nicht rechtzeitig erfüllt. Eine Vertragsstrafe wird nicht erhoben, wenn die Verkäuferin ihren Wiederkaufsanspruch gemäß Ziff. 9 geltend macht. Mehrere Käufer sind insoweit Gesamtschuldner.

b) Eine Vertragsstrafe in gleicher Höhe wird jeweils auch erhoben, wenn das gesamte Erdgeschoss nicht wie in dieser Urkunde vereinbart mit einer lichten Höhe von mindestens 2,75 m gebaut wird oder ein Rechtsgeschäft zur Begründung von Wohnungs- und Teileigentum abgeschlossen wird, das im Erdgeschoss eine nach diesem Vertrag unzulässige Wohnnutzung vorsieht, oder wenn es im Erdgeschoss oder im Untergeschoss tatsächlich zu einer Wohnnutzung kommt. Auch hier sind mehrere Käufer Gesamtschuldner; Schuldner einer Vertragsstrafe aber, die durch unzulässige Wohnnutzung ausgelöst wird, ist, wenn Wohnungs- und Teileigentum begründet worden ist, nur der Eigentümer, dessen Einheit in unzulässiger Weise genutzt wird.

c) Eine jeweils weitere Vertragsstrafe in gleicher Höhe wird schließlich auch erhoben, wenn der Käufer einen Mietvertrag abschließt, in dem die nach dieser Urkunde zulässige Höchstmiete überschritten wird oder der Käufer durch die Gestattung oder Duldung eines Untermietverhältnisses eine höhere als nach diesem Vertrag vorgesehene Miete ermöglicht oder der Käufer im Falle einer Veräußerung nicht alle seine Verpflichtungen zu der Miethöhebegrenzung nach diesem Vertrag weitergibt. Nach der Begründung von Wohnungs- und Teileigentum begrenzt sich diese Vertragsstrafe auf den Betrag, der dem Miteigentumsanteil nach Tausendstel der betroffenen Wohnung entspricht (Kaufpreis nach Ziff. 1a × 20% × Miteigentumsanteil), und schuldet diese Vertragsstrafe nur noch der betroffene einzelne Käufer (= Eigentümer der betroffenen Wohnung). Eine Vertragsstrafe wird nicht erhoben, wenn die Verkäuferin ihren Wiederkaufsanspruch gemäß Ziff. 9 geltend macht.

### 17. Weiterveräußerung, Belastung mit einem Erbbaurecht

(a) Die Weiterveräußerung oder Belastung mit einem Erbbaurecht des Kaufgegenstandes im Ganzen oder der darauf zu errichtenden baulichen Anlagen oder von Teilen davon bedarf innerhalb der ersten zehn Jahre nach der notariellen Vertragsbeurkundung der Zustimmung durch die Verkäuferin.

(b) Die Zustimmung zur Weiterveräußerung oder zur Belastung mit einem Erbbaurecht darf nicht verweigert werden, wenn die Verkäuferin ihr Wiederkaufsrecht innerhalb der Frist nach Ziff. 9 nicht ausübt.

(c) Auferlegung von Pflichten auf den Rechtsnachfolger:

(1) Falls der Kaufgegenstand nach vorheriger Zustimmung der Verkäuferin vom Käufer oder dessen Rechtsnachfolger weiterveräußert oder mit einem Erbbaurecht belastet wird, sind dem neuen Erwerber oder dem Erbbauberechtigten die der Verkäuferin gegenüber eingegangenen, noch nicht erfüllten Verpflichtungen aus diesem Vertrag aufzuerlegen mit der Maßgabe, dass auch dieser seine Rechtsnachfolger zu verpflichten hat. Der Käufer und dessen Rechtsnachfolger wird von der vertraglichen Verpflichtung erst frei, wenn sie der jeweilige Erwerber, auch für seinen Rechtsnachfolger, durch notariellen Vertrag übernommen hat.

(2) Für die Dauerpflichten wird – soweit länger geltend, auch für die Zeit nach Ablauf der zehn Jahre der Mietbindung – näher bestimmt:
Die Nutzungsverpflichtung aus Ziff. 6 haben der neue Erwerber und seine Rechtsnachfolger in der Weise zu übernehmen, dass sie – wenn sie nicht Eigentümer der von der Nutzungsverpflichtung betroffenen Einheit (Eigentumswohnung oder Teileigentumsrecht) sind – keiner Abänderung der Gemeinschaftsordnung (Teilungserklärung oder Teilungsvertrag nach dem Wohnungseigentums-

gesetz) zustimmen dürfen, die eine nach dem heutigen Vertrag unzulässige Nutzung vorsehen, und – wenn sie Eigentümer der von der Nutzungsverpflichtung betroffenen Einheit oder Fläche sind – darüber hinaus nur die nach dem heutigen Vertrag zulässigen Nutzungen vornehmen. Die Vertragsstrafen (Ziff. 16) haben sie mit der Maßgabe zu übernehmen, dass diese gegen sie in gleicher Weise wie gegen den heutigen Käufer geltend gemacht werden können; soweit sie Eigentümer einer Eigentumswohnung oder eines Teileigentumsrechtes sind, allerdings nur in der Höhe, die ihrem Miteigentumsanteil am heutigen Kaufgegenstand entspricht. In die Verpflichtung zur Übernahme von Baulasten (Ziff. 7), die Verpflichtung betreffend Vermietung (Ziff. 8), das Wiederkaufsrecht (Ziff. 9), die Regelung zur Wärmeversorgung (Ziff. 10), die Regelung betreffend Traufstreifen (Ziff. 11), die Regelung betreffend Wärme- und Schallschutzüberbau (Ziff. 12), die Regelung betreffend Innenhof (Ziff. 13) haben der Erwerber und seine Rechtsnachfolger einzutreten.

**18. Teilnichtigkeit**
Sollte eine Bestimmung dieses Vertrages ganz oder teilweise nichtig sein, so werden die übrigen Vertragsbestimmungen hiervon nicht berührt. Die Vertragsparteien verpflichten sich für diesen Fall, die nichtige Bestimmung durch eine andere Bestimmung zu ersetzen, die dem Zweck der nichtigen Bestimmung soweit wie möglich nahe kommt.

**19. Notarielle Beurkundung, Auflassung**
Dieser Vertrag wird unverzüglich nach gegenseitiger Unterzeichnung bei einem vom Käufer benannten ortsansässigen Notar beurkundet. Die Auflassung erfolgt, sobald der Kaufpreis zuzüglich eventueller Zinsen und zuzüglich sonstiger von der KE/LEG benannter Beträge nach Ziff. 1, ebenfalls einschließlich eventueller Zinsen, vollständig bezahlt ist. In der Erklärung der Auflassung und der Übergabe liegt nicht das Anerkenntnis der Stadt, dass vollständig bezahlt ist.

**20. Vollzugsvollmacht**
Der Käufer bevollmächtigt unwiderruflich die Bediensteten des Liegenschaftsamts als Vertreter der Stadt – insbesondere Stadtoberverwaltungsrat Wilhelm Walter, Stadtamtsrätin Petra Prüfer und Stadtoberinspektor Andreas Schreiber –, je einzeln, ihn bei der Auflassung zu vertreten und in seinem Namen Bewilligungen und Erklärungen jeder Art abzugeben und entgegenzunehmen und Grundbuchanträge zu stellen, die zum Vollzug dieses Vertrages erforderlich sind. Die Bevollmächtigten sind von den Beschränkungen des § 181 BGB befreit. Die Vollmacht ist übertragbar und erlischt nicht mit dem Tod des Vollmachtgebers.

Tübingen, den

Käufer:                                                      Stadt/Verkäuferin:
                                                             Walter, Stadtoberverwaltungsrat

Mit der Vertretung der Universitätsstadt Tübingen bei der notariellen Beurkundung vorstehenden Vertrages sowie bei der Erklärung der Auflassung und bei der Abgabe sämtlicher zum Vollzug des Grundstücksgeschäfts notwendigen Erklärungen, Bewilligungen und Anträge bevollmächtige ich Stadtoberverwaltungsrat Wilhelm Walter, Stadtamtsrätin Petra Prüfer und Stadtoberinspektor Andreas Schreiber, sämtliche beim Liegenschaftsamt der Universitätsstadt Tübingen, und zwar je einzeln.

Tübingen, den


Katharina Textor, Oberbürgermeisterin        (Siegel der Universitätsstadt Tübingen)

# V. Reihenhäuser und andere Gruppenhäuser

Auch Reihenhäuser und andere Gruppenhäuser können im Rahmen einer Bauherrengemeinschaft errichtet werden. Selbst bei freistehenden Einfamilienhäusern ist, wenn sich die Häuser zueinander in räumlicher Nähe befinden und noch weitere Gemeinsamkeiten aufweisen, eine Bauherrengemeinschaft möglich und oftmals zweckmäßig. Haben die Häuser allerdings nicht ausreichend viele Gemeinsamkeiten, so eignen sie sich nicht für das gemeinschaftliche Planen und Bauen.

Reihenhäuser und andere Gruppenhäuser, einschließlich freistehender Einfamilienhäuser, können sowohl auf selbständigen Flur- und Grundstücken, die in der Natur durch amtliche Grenzzeichen voneinander getrennt sind, als auch auf einem gemeinschaftlichen Flur- und Grundstück in der Rechtsform von Eigentumswohnungen gebaut werden (unten 1). Auch beim Bau dieser Häuser treten die Phasen und Entwicklungsschritte der Interessengemeinschaft, der Planungsgemeinschaft und der Bauherrengemeinschaft auf und erfordern entsprechende vertragliche Regelungen (unten 2).

## 1. Selbständige Baugrundstücke oder Rechtsform des Wohnungseigentums

Meistens wünschen Bauinteressenten rechtlich selbständige Grundstücke, für die beim Grundbuchamt jeweils ein besonderes Grundbuchblatt angelegt wird. In diesem Fall müssen die Grundstücke auch im Liegenschaftskataster des Vermessungsamts als selbständige Flurstücke mit jeweils eigener Flurstücksnummer gebildet und in der Natur durch amtliche Grenzzeichen (z.B. Grenzsteine) voneinander abgetrennt werden. Die Bauherren und künftige Nachbarn erhalten so für die Zukunft die größtmögliche rechtliche Unabhängigkeit voneinander. Ihre Gemeinschaft besteht, wenn das gemeinsame Bauvorhaben einmal vollständig abgewickelt ist, nur noch in der örtlichen Nachbarschaft und regelt sich dann folglich nur noch nach dem Nachbarrecht, und zwar dem öffentlichen Nachbarrecht (v.a. den Baugesetzen, dem Bebauungsplan, den Gesetzen des Immissionsschutzes und dem Gewerberecht) und dem privaten Nachbarrecht (v.a. den §§ 903 ff. des Bürgerlichen Gesetzbuchs, den Nachbarrechtsgesetzen der Länder und dem von der Rechtslehre und der Rechtsprechung entwickelten Institut des nachbarlichen Gemeinschaftsverhältnisses).

Eine Aufteilung in selbständige Flur- und Grundstücke ist aber nicht immer möglich. Oftmals gibt es eine gemeinsame Erschließung (gemeinsame Wege zur öffentlichen Straße, gemeinsame Abwasseranlagen sowie gemeinsame Trassen für Frischwasser-, Gas-, Fernwärme- und Telefonleitung auf privatem Grund), gemeinsame und einheitliche Dächer, gemeinsame Dachrinnen, gemeinsame Treppen, eine gemeinsame Heizungsanlage, gemeinsame Innenhöfe, Fahrradstellplätze, Mülltonnenplätze, private Kinderspielplätze, gemeinsame Autostellplätze (z.B. Doppelparker), gemeinsame Feuerwehrzufahrten oder eine einheitliche auf Dauer zu erhaltende Architektur. Manchmal muss nach dem Bebauungsplan oder wegen der Wärmedämmung angebaut werden oder sind Abstände, Abstandsflächen oder Flächen für die Grundflächenzahl, die Geschossflächenzahl oder die Baumassenzahl auf den Baugrund des Nachbargebäudes zu übernehmen.

Häufig ist in diesen Fällen gleichwohl die Bildung von rechtlich selbständigen Baugrundstücken möglich, wenn die notwendigen Reglungen über Baulasten in das beim Baurechtsamt geführte Baulastenverzeichnis und darüber hinaus besondere Rechtsverhältnisse in das Grundbuch eingetragen werden. An solchen Sonderregelungen im Grundbuch kommen in Betracht: Grunddienstbarkeiten, Reallasten und gemeinschaftliche Nebengrundstücke. Gemeinschaftliche Nebengrundstücke sind z.B. gemeinschaftliche Hofgrundstücke und gemeinschaftliche Kinderplatzgrundstücke, an denen alle Anlieger einen Miteigentumsanteil erwerben. Bei gemeinschaftlichen Nebengrundstücken sind dinglich wirkende Gemeinschaftsregelungen möglich, die auch gegenüber den späteren Sonderrechtsnachfolgern (z.B. Käufern der Grundstücke) wirken. Zu den Grunddienstbarkeiten, Reallasten und dinglich wirkenden Gemeinschaftsregelungen ist anzumerken, dass diese – um im Falle einer Zwangsversteigerung wirksam zu bleiben – im Rang vor und damit auch zeitlich vor den Finanzierungsgrundpfandrechten der Banken, Bausparkassen, Versicherungen usw. bestellt werden müssen.

Mitunter ist eine derartige Regelung über Baulasten, Grunddienstbarkeiten, Reallasten, gemeinschaftliche Nebengrundstücke und Gemeinschaftsregelungen gar nicht in genügender Umfassendheit erreichbar (was v.a. in Bayern vorkommt, wo es das Institut der Baulast nicht gibt) oder aber derart komplex und unübersichtlich, dass dem Lösungsweg über das Wohnungseigentumsgesetz der Vorzug zu geben ist (vgl. oben II 4 und IV C). Denn bei einer Lösung über das Wohnungseigentumsgesetz können die Aufgaben, Rechte und Befugnisse der Gemeinschaft im Teilungsvertrag (resp. in der Teilungserklärung) gegenüber dem gesetzlichen Leitbild weit zurückgenommen und damit die individuellen Rechte und Befugnisse der einzelnen Eigentümerfamilien wesentlich erweitert und gestärkt werden. In ihrer wirtschaftlichen Tragweite können sich beide Lösungen sehr ähnlich sein. Den Ausschlag für den einen oder anderen Weg sollten vorrangig Überlegungen zur Praktikabilität geben. Formulierungsvorschläge möchte ich nur in ganz geringem Umfang unter Ziff. 2 geben. Denn beide Lösungswege sind nur unter Mitwirken eines Notars möglich, der in aller Regel auch mit der juristischen Beratung der Bauherren und der konkreten Ausgestaltung der Rechtsverhältnisse betraut wird. Eine befriedigende Lösung hängt in hohem Ausmaß von dem Geschick und dem Engagement des Notars, aber auch von dem Lösungswillen und dem Verständnis der Bauherren ab.

## 2. Die einzelnen Phasen der Baugemeinschaft und die erforderlichen Vertragsmuster

Die Phasen der Interessengemeinschaft, der Planungsgemeinschaft und der Bauherrengemeinschaft unterscheiden sich beim Bau von Reihenhäusern und anderen Gruppenhäusern im Grunde nicht von denen beim Bau eines Mehrfamilienhauses. Regelmäßig ist es sinnvoll, in den Entwicklungsschritten der Interessengemeinschaft und der Planungsgemeinschaft die Frage, ob entweder für jeden Bauherren ein rechtlich selbständiges Baugrundstück oder aber ein gemeinschaftliches Grundstück zur Begründung von Eigentumswohnungen gebildet werden soll, möglichst lange offen zu lassen, so dass die Abklärung aller maßgeblichen Punkte mit dem Architekten, der Baubehörde, dem Notar, dem Grundbuchamt und selbstverständlich innerhalb der Gemeinschaft nicht durch verfrühte Festlegungen eingeschränkt wird. Die gelegentliche grundsätzliche Abneigung gegen das Wohnungsei-

gentum ist rational nicht begründet. Im Gegenteil: Keine andere Rechtsform lässt in vergleichbarem Ausmaß individuelle Ausgestaltungen zu und hält in gleichem Ausmaß bewährte Regelungsmechanismen für die auf lange Zeit nie ausbleibenden Konflikte bereit.
Den Fragen des persönlichen Zusammenpassens der einzelnen Bauinteressenten, der ausreichenden Finanzkraft der einzelnen Bauherren und der Organisation der Baugemeinschaft sollte nicht weniger Gewicht beigemessen werden als beim Bau eines Mehrfamilienhauses. Stets besteht eine sehr enge Gemeinschaft während der Zeit des gemeinschaftlichen Planens und Bauens; und in diesen Phasen droht wegen der vielen Aufgaben und der damit verbundenen persönlichen Anspannungen und Stresssituationen die Gefahr des Zerwürfnisses innerhalb der Gemeinschaft und (letzten Endes) auch die Gefahr des finanziellen Einstehenmüssens für andere Teilnehmer.
Auch wenn die Gemeinde einzelne Bauparzellen und nicht ein gemeinschaftliches Baugrundstück verkauft, kann sie – geringfügig, aber vielleicht entscheidend – darauf hinwirken, dass die sich stellenden Probleme ausreichend erörtert werden, indem sie mit allen Bauherren die Bauplatzkaufverträge nur in einem gemeinsamen Notartermin abschließt. Reflexartig trägt die Gemeinde weiter zur Klärung der einschlägigen Fragen bei, wenn sie Wert darauf legt, dass die Bauplätze entsprechend den kommunalpolitischen Zielsetzungen bebaut werden, und sie demzufolge von allen Bauherren einige Zeit vor dem Notartermin verlangt, dass genehmigungsfähige Bauanträge gestellt sind und alle Bauherren ihr gegenüber ihre Finanzierung glaubhaft dargelegt haben (z.B. durch Bankbestätigung). Allerdings sollte die Gemeinde, wenn sie so verfährt, unmissverständlich zum Ausdruck bringen, dass die Abklärung des ausreichenden Bauwillens und der ausreichenden Finanzkraft ureigenste Aufgaben der Bauherren selbst sind und die einzelnen Teilnehmer der Baugemeinschaft für sich selbst keinerlei Schlüsse aus den kommunalen Entscheidungen ziehen dürfen.
Im Arbeitsauftrag der Planungsgemeinschaft (vgl. Teil IV [Vertragsmuster], A, Ziff. 2) sollte die Erörterung der Frage *Selbständige Baugrundstücke oder Lösung über das Wohnungseigentum?* unter dem 2. Ordnungspunkt angesprochen werden. Auch bietet sich an, zu diesem Thema eine Arbeitsgruppe zu bilden (vgl. Ziff. 8 lit. e dieses Mustervertrags).
Der Gesellschaftsvertrag zur Bauherrengemeinschaft bedarf bei Reihenhäusern und anderen Gruppenhäusern in besonderem Ausmaß der Abstimmung auf die individuellen Verhältnisse. Sinnvoll ist es, mit dieser Arbeit den Notar zu beauftragen, der den Vertrag in diesem Fall auch notariell beurkundet.

# VI. Vorsorge gegen tiefgehende Meinungsverschiedenheiten Mediation und Schiedsgericht

## 1. Grundsätzliches zu Mediation und Schiedsgericht

Baugemeinschaften sind, wie alle menschlichen Gemeinschaften, vor tiefgehenden internen Meinungsverschiedenheiten nicht gefeit. Soweit ich dies beobachten konnte, entwickeln Baugemeinschaften zwar ein hohes Maß an Streitkultur, so dass sie regelmäßig auch schwere zwischenmenschliche Spannungen angemessen zu lösen verstehen. Auch prüfen die Teilnehmer einer Baugemeinschaft sehr sorgfältig, mit was für Menschen sie sich einlassen und ob diese die begründete Aussicht bieten, dass mit ihnen die nie ausbleibenden Probleme gemeistert werden können. Was aber, wenn die Gemeinschaft aus sich heraus nicht mehr die Kraft findet, aufgetretene schwere Konflikte sachgerecht zu regeln? Das Gesetz sieht vor, dass in diesen Fällen die staatlichen Gerichte angerufen werden können.
Das Verfahren vor den staatlichen Gerichten, das für alle zivilrechtlichen Streitigkeiten (= Streitigkeiten zwischen gleichberechtigten Bürgern) weitgehend gleichförmig zu gelten hat, kann den Besonderheiten einer Baugemeinschaft oftmals nicht gerecht werden. Zu nennen sind insbesondere:
- die lange Verfahrensdauer bei den Zivilgerichten
- der regelmäßige Anwaltszwang (die Parteien können vor den Landgerichten und höheren Gerichten nicht selbst vortragen, sie müssen Anwälte einschalten und diese auch bezahlen)
- der Instanzenzug (gegen das Urteil des – regelmäßig erstinstanzlich zuständigen – Landgerichts ist zumeist die Berufung zum Oberlandesgericht möglich, und in Einzelfällen sogar noch die Revision zum Bundesgerichtshof)
- der Umstand, dass ein Verfahren vor einem Gericht damit beginnt, dass eine Klage eingereicht wird, d.h. dass schon ganz am Anfang Anträge auf Verurteilung bzw. auf Klageabweisung formuliert und apodiktisch begründet werden und es dadurch bereits zu Beginn zur Einnahme von klaren Positionen kommt, was eine Konfliktlösung zusätzlich erschwert.

Um den individuellen Bedürfnissen gerecht werden zu können, lässt das Gesetz die Vereinbarung von Schiedsgerichten zu (§§ 1025 ff. Zivilprozessordnung). Im Schiedsvertrag können die Parteien auch Vereinbarungen zum Verfahren treffen. Zweifellos hat das schiedsgerichtliche Verfahren auch Nachteile:
- es gibt keine Überprüfung des schiedsgerichtlichen Urteils durch ein übergeordnetes Gericht
- die Kosten für ein Schiedsgericht sind höher als die Kosten für die erste Instanz der staatlichen Gerichte
- staatliche Gerichte gibt es immer, das Schiedsgericht erst, nachdem es installiert worden ist; v.a. soweit ein schnelles gerichtliches Handeln geboten ist, sollte deshalb die Zuständigkeit der staatlichen Gerichte beibehalten werden. Der abgedruckte Muster-

vertrag trägt dem Rechnung, indem er das selbständige Beweisverfahren (= Beweissicherung; es geht z.B. um die Feststellung von Baumängeln durch einen Sachverständigen, die sich später nicht mehr oder allenfalls noch mit unverhältnismäßigem Aufwand feststellen lassen) und den einstweiligen Rechtsschutz bei den staatlichen Gerichten belässt, solange das Schiedsgericht noch nicht eingesetzt ist.

Dem Schiedsverfahren vorgeschaltet werden kann ein besonderes Verfahren der Streitbeilegung, eine Mediation. Bei diesem Verfahren der Konfliktaustragung werden die Beteiligten durch einen außenstehenden Dritten, einen Mediator, unterstützt. Nicht immer ist eine Mediation erfolgreich. Parteien, die – offen ausgesprochen oder durch eine Maske der Höflichkeit und scheinbarer Freundlichkeit verdeckt – absolut nicht sachgerecht verhandeln wollen, kann auch ein Mediator nicht zu einer vernünftigen Einigung bewegen. In diesen Fällen hilft nur ein Urteil, sei es eines staatlichen Gerichts oder eines Schiedsgerichts.
Die Vereinbarung eines Mediationsverfahrens hat zur Folge, dass eine dem widersprechende Klage zu einem Gericht (staatlichen Gericht oder Schiedsgericht) als unzulässig abzuweisen ist, solange das Scheitern der Mediation in der erforderlichen Form nicht festgestellt ist. Erfolg versprechend ist eine Mediation nur, wenn ‚offen' und sachgerecht verhandelt wird, d.h. nicht vorzeitig Positionen bezogen werden, wenn jede Seite um einen gerechten Ausgleich bemüht ist und sich jede Seite ‚schmutziger Verhandlungstricks' enthält.[2]
Die in der Mediation ans Licht gebrachten Tatsachen dürfen nur mit Einschränkungen in einem nachfolgenden gerichtlichen Verfahren bei Scheitern der Mediation eingebracht werden können, v.a. darf sich keine Seite später auf den Mediator als Zeugen berufen können. Nur so kann es zu der notwendigen Offenheit und Gesprächsbereitschaft kommen.
Die nachfolgenden Mediations- und Schiedsvereinbarungen tragen diesen und den Besonderheiten einer Baugemeinschaft Rechnung. Wie für alle Verträge einer Baugemeinschaft gilt auch hier, dass die abgedruckten Mustervereinbarungen nie ungeprüft übernommen werden sollten. Die Vertragsmuster sind vielmehr auf ihre konkrete Sachrichtigkeit zu durchdenken und erforderlichenfalls – aber dennoch in sich stimmig – zu ergänzen oder sonst abzuändern.
Für die Planungsgemeinschaft und die Bauherrengemeinschaft sollten voneinander unabhängige Mediations- und Schiedsvereinbarungen getroffen werden, obgleich diese Verträge weitgehend denselben Wortlaut haben. Die Lebenssachverhalte der Planungsgemeinschaft und der Bauherrengemeinschaft sollten auch bei der Vorsorge gegen tiefgehende Meinungsverschiedenheiten klar voneinander getrennt bleiben.
Für die Wohnungseigentümergemeinschaft ist zweifelhaft, ob eine vorsorgende Schiedsvereinbarung überhaupt zulässig ist. Denn die Vereinbarung müsste auch künftige Eigentümer, die mit der Baugemeinschaft nichts mehr zu tun haben, binden. Eine solche Schiedsvereinbarung würde dem Grundsatz widersprechen, dass zur Eintragung in das Grundbuch nur solche Rechte zugelassen sind, die das Gesetz dafür ausdrücklich benennt und deren möglichen Inhalt das Gesetz auch ausdrücklich festlegt. Ich hielte eine solche Schiedsver-

---

[2] Grundsätzlich zum erfolgreichen Verhandeln: Fisher, Ury, Patton, Das Harvard-Konzept. Der Klassiker der Verhandlungstechnik, Neuauflage 2003. Amerikanische Erstausgabe ("Getting to Yes"), 1981; deutsche Übersetzung von Raith und Hof, Erstausgabe 1984, damaliger Untertitel: Sachgerecht verhandeln – erfolgreich verhandeln.

einbarung im Übrigen auch nicht für sachgerecht. Die Hässlichkeit von Streitereien, zu denen es im Rahmen einer Wohnungseigentümergemeinschaft kommen kann, vermag eine lange im Voraus getroffene Schiedsabrede nicht abzuwenden. Abhilfe kann hier nur eine gute Streitkultur innerhalb der Hausgemeinschaft bringen. Selbstverständlich können für spätere Einzelstreitigkeiten bei Bedarf einvernehmlich ein Mediator, ein Schiedsgericht oder auch ein Schiedsgutachter (ein Außenstehender mit besonderem Sachverstand, der eine strittige Frage für alle Beteiligten aufgrund seiner besonderen Sachkenntnis verbindlich klären soll) bestellt werden. Gegen die Aufnahme von Vorschriften zur Streitentscheidung oder -schlichtung in den Teilungsvertrag spricht auch, dass sich einerseits wegen der sehr langen Dauer dieser Gemeinschaft und der Offenheit der Entwicklung der Lebensverhältnisse in der Zukunft die potentiellen Konfliktfelder nur schwer abschätzen lassen und andererseits bei den staatlichen Gerichten spezielle Abteilungen für die Streitigkeiten aus Wohnungseigentümergemeinschaften bestehen.

Zu den Formalitäten von Mediations- und Schiedsvereinbarungen wäre noch Folgendes auszuführen:

- Die Schiedsvereinbarungen müssen, da die Teilnehmer an Baugemeinschaften in der Regel *Verbraucher* im Sinne des Gesetzes sind, in eigenständigen, von den Parteien eigenhändig unterzeichneten Urkunden enthalten sein. Es genügt demgemäß nicht, den Verträgen über die Planungs- bzw. der Bauherrengemeinschaft nur einen weiteren Abschnitt hinzuzufügen.
- Andere Vereinbarungen als solche, die sich auf das schiedsrichterliche Verfahren beziehen, darf die Urkunde (das unterschriebene Schriftstück) nicht enthalten. Dies gilt jedoch nicht, wenn der Schiedsvertrag in einer notariellen Urkunde, d.h. einer vom Notar *vorgelesenen* Urkunde, enthalten ist.
- Nach herrschender Meinung ist die Unterzeichnung einer Schiedsvereinbarung durch einen Bevollmächtigten unzulässig. Insbesondere für Ehegatten, die gemeinsam an einer Baugemeinschaft teilnehmen, hat dies zur Folge, dass jeder der Ehegatten den Schiedsvertrag unterschreiben muss. Gleiches gilt für ortsabwesende Teilnehmer der Baugemeinschaft, auch deren persönliche Unterschrift muss eingeholt werden.
- Ein Mediationsverfahren sollte nicht angerufen werden müssen, wenn schnelles Handeln geboten ist (selbständiges Beweisverfahren, einstweiliger Rechtsschutz). Auch wenn sich eine Partei einer Einigung versperrt, sollte darüber nicht lange diskutiert werden müssen. Der Mustertext für die Mediationsabreden berücksichtigt diese besonderen Konfliktlagen.
- Zweifelhaft ist, ob die vorherige Pflicht zur Mediation in den Schiedsvertrag aufgenommen werden kann. Unzweifelhaft zulässig ist aber, die Abrede zur Mediation in den Gesellschaftsvertrag zur Planungsgemeinschaft und in den Gesellschaftsvertrag zur Bauherrengemeinschaft aufzunehmen. Ist für den Streitfall vor Anrufung des (staatlichen oder des Schieds-)Gerichts ein Mediationsverfahren gewollt, so empfiehlt es sich deshalb, in die beiden Gesellschaftsverträge vor den *Schlussbestimmungen* eine weitere Ziffer mit der Überschrift *Mediation bei tiefgehender Meinungsverschiedenheit* aufzunehmen.

## 2. Formulierungsvorschlag zur Mediation[3]

**Mediation bei tiefgehender Meinungsverschiedenheit**

a) Sollte es innerhalb der Gemeinschaft zu tiefgreifenden Meinungsverschiedenheiten kommen und können die Parteien den Konflikt nicht selbst lösen, so haben sie unter Leitung eines neutralen Dritten, eines Mediators, bevor eine Partei das Schiedsgericht (oder bei Fehlen eines Schiedsgerichts ein staatliches Gericht) anruft, ein Gespräch zur Einigung zu führen, das nach dem Ermessen des Mediators auch aus mehreren Terminen bestehen kann.

b) Die Gesellschafter vereinbaren für das Fehlschlagen der Mediation, dass sie in dem nachfolgenden Schiedsverfahren (oder Verfahren vor den staatlichen Gerichten) den Mediator nicht als Zeugen benennen und solche Tatsachen nicht vortragen werden, die ihnen ausschließlich in dem Mediationsverfahren bekannt geworden sind.

c) Den Mediator werden die betroffenen Gesellschafter bei Eintritt eines zu schlichtenden Konflikts übereinstimmend benennen. Kommt es nicht zu dieser Einigung über die Person des Mediators, so kann jeder Beteiligte an dem Konflikt seine Bestellung durch den Präsidenten des Landgerichts Tübingen beantragen. Das Nichterreichen der Einigung über die Person des Mediators kann jede Konfliktpartei nach eigenem Ermessen feststellen und sodann den Präsidenten des Landgerichts anrufen.

d) Jede Partei kann das Schiedsgericht (und bei Fehlen einer Schiedsabrede das staatliche Gericht) ohne jegliche weitere Mediation oder ohne irgendeine Mediation überhaupt anrufen, wenn der Mediator nach seinem freien Ermessen das Scheitern der Mediation feststellt oder wenn die Gegenseite den von dem Mediator oder dem Landgerichtspräsidenten angeforderten Kostenvorschuss für das Mediationsverfahren oder die Bestellung des Mediators nicht innerhalb der vom Mediator bzw. dem Landgerichtspräsidenten bestimmten Frist, ohne jegliche weitere Aufforderung, zahlt.

e) Der Anrufung des Mediationsverfahrens bedarf es nicht, wenn eine Partei ein selbständiges Beweisverfahren oder einstweiligen Rechtsschutz beantragt.

## 3. Formulierungsvorschlag für die Schiedsverträge[4]

### SCHIEDSVERTRAG ZUR PLANUNGSGEMEINSCHAFT[5]

Sollten sich aus dem zwischen uns am ... abgeschlossenen Vertrag über die Planungsgemeinschaft Projekt *Küssnachtstraße 14*[6] Meinungsverschiedenheiten ergeben, die nicht behoben werden können, so soll ein Schiedsgericht entscheiden. Wir treffen deshalb die nachfolgende Schiedsvereinbarung:

---

3 Aufzunehmen jeweils in den Gesellschaftsvertrag zur Planungsgemeinschaft und in den Gesellschaftsvertrag zur Bauherrengemeinschaft, dort als Ziff. 9 bzw. Ziff. 10, vergleiche vorhergehende Ziff. 1 a.E.
4 Für die Planungsgemeinschaft wie auch die Bauherrengemeinschaft sollte jeweils ein eigenständiger Schiedsvertrag abgeschlossen werden, vergleiche vorstehend Ziff. 1.
5 Bzw. Schiedsvertrag zur Bauherrengemeinschaft.
6 Bzw. *Bauherrengemeinschaft Küssnachtstraße 14*.

1. **Besetzung des Schiedsgerichts**
a) Das Schiedsgericht besteht grundsätzlich aus einem, auf Antrag einer Partei aus drei Schiedsrichtern. Die Schiedsrichter sollen fallbezogene Sachkunde haben. Werden drei Schiedsrichter bestellt, sollen sie sich mit ihren Erfahrungen ergänzen. Der Einzelschiedsrichter – wenn mehrere Schiedsrichter bestellt sind, mindestens einer der Schiedsrichter – muss die Befähigung zum Richteramt haben.
b) Die betreibende Partei hat der Gegenpartei den Streitgegenstand schriftlich darzulegen und sie aufzufordern, mit ihr innerhalb von zwei Wochen in Verhandlungen über die gemeinsame Bestellung eines Schiedsrichters (oder, falls von einer Seite bereits beantragt, der drei Schiedsrichter) einzutreten. Kommt eine Einigung über den bzw. die Schiedsrichter nicht innerhalb weiterer zwei Wochen zu Stande, so kann jede Partei seine bzw. ihre Bestellung durch den Präsidenten des Landgerichts Tübingen beantragen.
c) Beantragt eine der Parteien innerhalb von zwei Wochen nach Ernennung des Einzelschiedsrichters die Erweiterung des Schiedsgerichts auf drei Richter, so wird unter Vorsitz des bereits ernannten Schiedsrichters über die Person der weiteren Schiedsrichter verhandelt. Kommt eine Einigung nicht zu Stande, so beantragt der Schiedsrichter die Bestellung des oder der weiteren Richter durch den Präsidenten des Landgerichts Tübingen. Er kann Auswahlvorschläge machen.
d) Besteht das Schiedsgericht aus drei Richtern, so wählen sie aus ihrer Mitte den Vorsitzenden.

2. **Zum Verfahren**
a) Verhandlung
   (1) Das Schiedsgericht bestimmt Form, Ort und Zeit der Verhandlung. Auf übereinstimmende Wünsche der Parteien soll es tunlichst Rücksicht nehmen.
   (2) Verlangt eine Partei mündliche Verhandlung, so soll das Schiedsgericht dem stattgeben, sofern dies nach Ermessen des Schiedsgerichts keinen unzumutbaren Aufwand und keine unzumutbare Verzögerung bewirkt oder der anderen Partei sonstwie nicht zugemutet werden kann. Die Verhandlung ist nicht öffentlich. Die Verhandlung ist jedoch öffentlich, wenn alle Parteien dies beantragen.
   (3) Das persönliche Erscheinen der Parteien kann angeordnet werden.
   (4) Das Schiedsgericht kann nach seinem Ermessen in jeder Lage des Verfahrens vor seinem erstmaligen oder weiteren Tätigwerden zu leistende Kostenvorschüsse anfordern, und zwar auch vom Antragsgegner.

b) Einigungsphase
   (1) Das Schiedsverfahren beginnt – außer bei Verfahren über einstweilige Maßnahmen und bei Verfahren zur Beweissicherung – mit einer Einigungsphase vor dem Schiedsgericht.
   (2) Die Einigungsphase schließt gegebenenfalls mit einem Schiedsspruch mit vereinbartem Wortlaut (Schiedsvergleich) ab.
   (3) Die Einigungsphase geht in das streitige Verfahren über, wenn das Schiedsgericht das Scheitern der Einigungsphase feststellt. An die Anträge der Parteien ist es insoweit nicht gebunden. Das Schiedsgericht soll weiterhin auf eine vergleichsweise Einigung der Parteien hinwirken.

c) Streitiges Verfahren
   (1) Vor Eintritt in das streitige Verfahren muss das Schiedsgericht die Zulässigkeit der Schiedsklage und der Klageanträge prüfen.
   (2) Das Schiedsgericht kann Einlassungs- und Antragsfristen sowie Fristen für die Benennung und die Vorlage von Beweismitteln setzen und nach Ablauf der Frist die Partei mit weiterem Vorbringen ausschließen.

d) Schiedsspruch
   (1) Über streitige Tatsachen entscheidet das Schiedsgericht unter Würdigung aller Umstände nach freier Überzeugung.
   (2) Im Falle der Säumnis einer Partei entscheidet das Schiedsgericht nach Aktenlage. Ob es Behauptungen der anderen Partei allein aufgrund der Säumnis für zugestanden erachten will, entscheidet es nach freier Überzeugung.
   (3) Das Schiedsgericht entscheidet nach Ermessen, welche Partei zu welchem Anteil Kosten zu tragen oder zu erstatten hat und welche Kosten erstattungsfähig sind.

e) Selbständiges Beweisverfahren und einstweiliger Rechtsschutz
   (1) Nach seiner Bestellung ist das Schiedsgericht auch für ein selbständiges Beweisverfahren (Beweissicherung) und für den einstweilen Rechtsschutz zuständig, soweit diese nicht zwingend bei den staatlichen Gerichten liegen.
   (2) Solange das Schiedsgericht noch nicht bestellt ist, sind für das selbständige Beweisverfahren und für den einstweiligen Rechtsschutz die staatlichen Gerichte nach dem Gerichtsverfassungsgesetz zuständig.
   (3) Das Schiedsgericht ist für das selbständige Beweisverfahren und für den einstweiligen Rechtsschutz zuständig, sobald ein Schiedsrichter bestellt ist. Ist die Bestellung von drei Schiedsrichtern vorgesehen und ein Schiedsrichter bestellt, so ist dieser auch in dieser Zeit bereits für das selbständige Beweisverfahren und den einstweiligen Rechtsschutz zuständig; in dieser Zeit entscheidet der bereits bestellte Schiedsrichter als Einzelrichter.

**3. Salvatorische Klausel**
Sollten einzelne Bestimmungen dieses Schiedsvertrags unwirksam sein, so bleiben die übrigen Bestimmungen hiervon unberührt. Lassen sich durch Unwirksamkeit einer Bestimmung entstandene Lücken nicht durch ergänzende Auslegung der wirksamen Vereinbarungen schließen, gelten die gesetzlichen Bestimmungen. In jedem Fall soll es bei der Zuständigkeit eines Schiedsgerichts unter Ausschluss der staatlichen Gerichtsbarkeit verbleiben, ausgenommen des selbständigen Beweisverfahrens und des einstweiligen Rechtsschutzes vor Bestellung des Schiedsgerichts.


Tübingen, den



Eigenhändige Unterschrift aller Teilnehmer der Planungsgemeinschaft (bzw. Bauherrengemeinschaft)

Tübingen, den


Eigenhändige Unterschrift aller später der Gemeinschaft (Gesellschaft) beitretenden Bauherren/-frauen

# Notizen

Notizen

**Notizen**